美国国家图书馆
珍藏名传

中世纪史 03

理查一世
Richard I

[美] 雅各布·阿伯特 著
李飞 译

中国出版集团有限公司
华文出版社

图书在版编目（CIP）数据

理查一世 /（美）雅各布·阿伯特（Jacob Abbott）著；李飞译. -- 北京：华文出版社，2025.3.（美国国家图书馆珍藏名传）. -- ISBN 978-7-5075-5747-3

Ⅰ. K835.617=321

中国国家版本馆CIP数据核字第2025D0D038号

理查一世

作　　者：[美]雅各布·阿伯特
译　　者：李　飞
责任编辑：方昊飞　王　彤
出版发行：华文出版社
地　　址：北京市西城区广外大街305号8区2号楼
邮政编码：100055
网　　址：http://www.hwcbs.cn
电　　话：编 辑 部 010-58336265　010-63428314
　　　　　总 编 室 010-58336239　发 行 部 010-58336202
印　　刷：三河市航远印刷有限公司
开　　本：787mm×1092mm　1/32
印　　张：8.875
字　　数：112千字
版　　次：2025年3月第1版
印　　次：2025年3月第1次印刷
标准书号：ISBN 978-7-5075-5747-3
定　　价：36.00元

版权所有　侵权必究

理查一世

● 理查一世因勇武好战而得名,被称为"狮心王"。

● 在十年国王生涯中,理查一世几乎将全部精力都放在征战上。身为天主教教徒,他曾加入教廷发起的十字军东征。作为第三次十字军东征的首领,在兵力处于劣势的情况下,他先后三次击败萨拉丁,被公认为是欧洲中世纪时期最杰出的军事指挥官之一。

● 理查一世在东征后的归国途中被俘,落入神圣罗马帝国皇帝亨利六世之手,被用重金赎回后归国。之后,理查一世又与法国国王腓力二世作战,力图保持英格兰在法兰西境内的领地,失利后本人亦战死。

中文名:理查一世
外文名:Richard I
生卒年:1157年—1199年
所在国:英格兰王国
职　业:国王
在位时间:1189年—1199年

在理查一世生活的时代，世界上发生了哪些大事？

世界历史

1096年—1291年，十字军先后8次东征，历时近200年。1291年，十字军侵占的最后一个据点阿克城为穆斯林所占领，东征以失败告终。

1154年，英格兰金雀花王朝开始，亨利二世继位（1154年—1189年）。

1150年，法国的巴黎大学建校。

1167年，英国的牛津大学建校。

1187年，萨拉丁占领耶路撒冷。

1189年—1199年，英格兰"狮心王"理查一世在位。

中国历史

1115年，女真人完颜阿骨打（1068年—1123年）称帝，国号"大金"（1115年—1234年）。

1127年，金灭北宋，南宋建立，都临安（今杭州），高宗赵构（1127年—1162年在位）即位。

1153年，金迁都燕京（今北京）。

1206年，铁木真（1162年—1227年）统一蒙古各部，推举铁木真为全蒙古的大汗，尊称"成吉思汗"，大蒙古国建立。

1218年，蒙古灭西辽（1124年—1218年）。

1227年，蒙古灭西夏（1038年—1227年）。

1234年，蒙古、南宋联军攻破蔡州城，金国灭亡。

1276年，元军攻陷临安城，南宋灭亡。

目 录

001　第1章　理查一世的母亲（1137年—1154年）

019　第2章　理查的早年生活（1154年—1184年）

035　第3章　美女罗莎蒙德（1184年）

047　第4章　理查登上王位（1189年）

057　第5章　加冕（1189年）

067　第6章　为十字军东征做准备（1189年）

| 077 | 第7章 | 起 航（1190年） |

| 091 | 第8章 | 理查一世在墨西拿（1190年） |

| 113 | 第9章 | 贝伦加丽娅（1190年） |

| 127 | 第10章 | 塞浦路斯战役（1190年） |

| 147 | 第11章 | 向阿卡航行（1190年） |

| 157 | 第12章 | 到达阿卡（1190年） |

163	第13章 **分 歧**（1191年）
169	第14章 **阿卡陷落**（1191年）
185	第15章 **十字军继续进军**（1191年）
201	第16章 **战局逆转**（1191年）
215	第17章 **山中老人**（1191年）
229	第18章 **雅法战役**（1192年）

241	第19章 **休 战**（1192年）
249	第20章 **离开巴勒斯坦**（1192年）
255	第21章 **理查身陷囹圄**（1192年）
265	第22章 **回到英格兰**（1193年—1199年）

第 1 章　CHAPTER I

理查一世的母亲（1137年—1154年）

King Richard's Mother *(1137—1154)*

理查一世是一位十字军勇士，他的性格粗暴、鲁莽、极端，对当时的世界影响很大。年轻时，他与父亲不和，而他的事业也从此开始。事实上，在他的父辈们还健在的时候，他的父母、兄弟、姐妹就纷纷陷入家族内讧，各方彼此猛烈攻讦。内讧源自不同的家族支脉在法兰西、英格兰的财产与领地的纠纷。大家为了打击对方，无所不用其极。为了了解这些内讧的真相，并充分了解理查一世母亲的为人，我们首先需要看一下王室家族支脉的统治区域。

在《征服者威廉》一书中，我们已经了解到，欧洲大陆上的诺曼底公国是如何与英格兰王国统一在一起，从而形成一个国家。只不过，不是英格兰征服并统治了诺曼底，而是诺曼底征服并统治了英格兰。这两个国家的地理位置在地图上一看便知。诺曼底公国位于法兰西北部，隔英吉利海峡与英格兰相望。除了诺曼底公国，诺曼底的历代公爵还统治着法兰西其他许多地方。对于他们而言，自己统治下的法兰西领土更重要，与之相比，英格兰则更像其属地。

从地图上能看到一条卢瓦尔河,它发源于法兰西中部,向西流经一个富饶、美丽的国家。这个国家就是阿基坦公国,位于卢瓦尔河南部,由一位年轻漂亮的公主埃莉诺统治,后来她成了理查一世的母亲。她在那个时代已经举世闻名,即使死后,也名垂青史,被称为"阿基坦的埃莉诺"。

埃莉诺从祖父那里继承了公国。她的父亲和叔叔雷蒙德参加了十字军东征,其间父亲战死了。叔叔雷蒙德则通过联姻成为安条克公国的统治者,我们下文还会提到他。埃莉诺十四岁的时候,祖父退位,她对此表示理解。当时,法兰西还有另外两个势力强大的君主,分别是统治巴黎的法王路易六世和受封诺曼底公爵的英格兰王子亨利。路易六世有个儿子——路易王子,是法兰西的王位继承人。埃莉诺的祖父希望她和路易王子结婚,这样就可以加强两个国家的联系。埃莉诺的祖父厌倦了权力,希望退位,准备在忏悔和祈祷中度过余生。他在位期间,统治残暴,现在年事已高,开始追悔自己曾经犯下的罪过，如有可能，他希望能在有生之年忏悔、赎罪。

于是，他将所有贵族召集在一起，当众宣布了自己的想法——希望埃莉诺嫁给路易王子。接着，经过讨论，他们达成了两个共识：一个是，埃莉诺要与路易王子先见面，由她决定要不要嫁给他。要是埃莉诺不愿意，其余人不得强迫她结婚。另一个是，要是埃莉诺和路易王子结婚，他们的阿基坦公国不能与法兰西王国合并，而是继续以独立的国家存在，由路易王子和埃莉诺分别以阿基坦公爵和女公爵的名义共同治理，而不是以法兰西国王和王后的名义治理。接着，埃莉诺和路易王子就被安排见了面。埃莉诺当然愿意嫁给一个未来的国王，最后她表了态，婚事就定了下来。

对于埃莉诺而言，这门婚事确实是再门当户对不过了。她丈夫是法兰西王国的太子，首都巴黎繁华无比，无论在当时，还是现在，都堪称欧洲的中心。国王已经年迈，在世的日子不会太长了。实际上，在路易王子成婚后不久，他就驾崩了。于是，埃莉诺在刚满十五岁的时候，就成了法兰西王国的王后、阿基坦公国的女公爵。毋庸置疑，她的地位如日中天。

她年轻漂亮，性格活泼，很快就过上了快乐的生活。她受过良好的教育，能魅力十足地演唱游吟诗人创作的歌曲。在那个时代，这些是最流行的音乐。她还能作曲，甚至能依曲填词。因此，埃莉诺由于才华出众而闻名遐迩。实际上，在当时能够识文断字的女士是很少见的。

她在巴黎的王宫生活了很长一段时间，其间她也常回阿基坦公国。波尔多是该国的首都，那里有埃莉诺自己的王宫。这样的日子过了一段时间后，最终她计划随十字军东征。十字军东征的路线是从西欧出发，借道现在的土耳其，攻打巴勒斯坦，冀望收复圣地耶路撒冷和葬有耶稣遗体的圣墓。

迄今为止，法兰西和英格兰的王子、骑士及其他贵族为了赢得荣誉，已经进行了多次十字军东征。这时候，在修士们公开、大力的宣传和鼓吹

在修士们公开、大力的宣传和鼓吹下,人们踊跃参加十字军东征

下，人们踊跃参加十字军东征。为了激发人们的热情，他们甚至在聚众布道的时候高举十字架，并承诺愿意去的人会在天堂得到优待，而且保证任何为这次东征做出贡献的人，无论曾经犯了什么罪，都会得到宽恕。另外，修士们无论何时听说哪个贵族或国王犯了大罪，都会趁机鼓动他们参加十字军东征，去拯救巴勒斯坦的基督教同胞们，以便洗脱自己的罪孽。

其中，有个修士控告埃莉诺的丈夫路易七世，说他曾在和邻居的一次争吵中，派出一支军队猛攻邻居所在的镇子，并且一把火烧毁了镇上的大教堂，在教堂里避难的一百五十个人也被烧死。不管是在那个时代，还是现在，侵犯教堂都是重罪。于是，修士们敦促他参加十字军东征，为他所犯的罪忏悔、赎罪，因为他不光亵渎了教堂，还因一时冲动导致许多无辜的妇女、儿童被活活烧死。于是，路易七世决定参加十字军东征，埃莉诺打算随他而去。埃莉诺之所以参加这次东征，一方面是热衷于冒险，另一方面是想扬名立万。在她看来，一位年轻漂亮的公主率领一支十字军东征，一定会让自己成为世人眼中威名赫赫的女英雄。所以，她立即着手准备。在她的影响和激励下，宫廷里侍女们的热情也被调动了起来。

侍女们很快收起了优雅的裙子，扮成亚马逊人的样子，这样，她们就可以像男人们一样骑马了。她们谈论着军队、武器、战马和军营，以便吸引周围的男人——王子、男爵和骑士的注意，从而鼓励他们参加十字军东征。结果，很多男人参加了，但还有些人不以为然，他们更想待在家里，觉得这种狂热而鲁莽的计划，除了将带来灾难外，别无所获。侍女们嘲笑这些男人怯懦和缺乏勇气，并把女红递给他们，说："我们已经不做女红了，如果你们要待在家里，就去做女人做的事吧。这些女红归你们了，这样我们不在的时候，你们就有事可做了。"在侍女们的奚落和嘲笑下，很多男人感到惭愧，纷纷参加十字军。说到底，他们是有血性的，面对参军的女人，他们很难无动于衷。

最后，新一轮的十字军终于被组建起来，整装待发。然而，由于埃莉诺王后和她的侍女们坚持要求携带大量行李，严重影响了大军开拔。虽然她们已经扮成亚马逊人的样子，但这仅限于在军营里或战场上，出了军营或战场，她们还是希望能纵情享受，尤其是到了东方的大城市，要过豪奢的生活。所以，她们执意要带不计其数的行李，包括各式各样的裙子和女士用品。尽管路易七世反对这些荒唐的行为，但埃莉诺王后和侍女们觉得，在十字军东征期间，如果不携带女士用品，那日子就太难熬了，所以只能由着她们了。

这些女人们任性的想法和荒唐的举动，在整个东进期间不断干扰着十字军。最后，十字军到达了地处小亚细亚的安条克公国。在这里，十字军遇到了萨拉森人。当时，安条克公国的人们都是基督教徒，由雷蒙德统治，他就是前文中提到的埃莉诺年轻英俊的叔叔。埃莉诺想去安条克公国的首都，但十字军为了防御并且反击沿途袭扰的萨拉森骑兵，选择从安条克乡下经过，没有去那里。

碰到萨拉森骑兵袭扰时，将军们显得不知所措，不知如何安排这些女人、怎样处理她们的行李。最终，国王决定，提前送她们回去，并派遣精锐部队一路护送。他命令部队白天持续前进，不要停歇，晚上到他指定的高地安营扎寨，因为那里比较安全，不会受到萨拉森人的袭击。当他们到达指定的高地时，埃莉诺发现附近有一条山谷，那里绿意盎然，土壤肥沃，既浪漫又美丽。埃莉诺当机立断，决定在这里安营扎寨，她的侍女们也一致认为，比起光秃秃的山上，这里更适合安营扎寨。然而，萨拉森人来了，切断了埃莉诺的护送部队与国王率领的十字大军的联系。一场激战过后，法军大败，数以万计的将士被俘，大军的粮草及侍女们所有的行李都被抢走了。最后，埃莉诺王后一行人只得逃回法王那里，而法王只得带领残军逃往安条克公国首都。雷蒙德打开城门，放他们进城。

埃莉诺和侍女们稍作休息，从惊恐和疲惫中缓过来后，就变得活跃起来。可是不久后，法王和埃莉诺因为雷蒙德发生了激烈的争吵。雷蒙德年轻帅气，很快就对埃莉诺表露出好感，这让法王醋意大发。最终，当他发觉埃莉诺跟雷蒙德之间的关系暧昧时，就大发雷霆。他决定带着埃莉诺立即离开安条克公国。埃莉诺十分不情愿，可是法王非常生气，命令她必须跟他一起离开。法王离开安条克是很突然的，甚至都没有跟雷蒙德辞行，就带着埃莉诺和所有随从去了耶路撒冷。埃莉诺尽管闷闷不乐，但还是屈从了。

法王和埃莉诺一样闷闷不乐。他决定不再让埃莉诺随他出征，便把她留在耶路撒冷——这简直形同软禁，而他则继续率军出征。不久，法王回到耶路撒冷，询问在他出征期间埃莉诺的表现，得知埃莉诺与耶路撒冷的一位王子的关系也很暧昧，他气愤至极，当众宣布要和埃莉诺离婚，还说她是个邪恶的女人。

一位大臣设法宽慰法王，让他放弃离婚的想法。大臣不是假惺惺地说埃莉诺是无辜的，不该被休掉，而是告诉法王，一旦与埃莉诺离婚，阿基坦公国及埃莉诺婚前丰厚的财产就都和法王没关系了，仍归埃莉诺所有。另外，法王和埃莉诺有个女儿，叫阿莉克丝，现在还很小，等她长大了一定会继承国王和埃莉诺的财产。所以，如果法王和王后能把日子过下去，以后还是会和好的。这位大臣继续劝说国王，一旦离婚，一切将会荡然无存。

"如果你和她离婚了，"他说，"那么她很快就会再婚，她的所有财产就和你的家族一点儿关系都没有了。"

所以，法王最终决定，忍受不忠的妻子带给自己的耻辱，没有离婚。但他对建功立业失去了兴趣，不想再东征了，一方面因为东征没有战果，另一方面因为家庭矛盾。于是，他带着王后和她的侍女及残余部队离开耶路撒冷，回到了巴黎。在巴黎，法王和王后又一起生活了两年，但过得一点儿都不开心。

这时，埃莉诺因为与人私通，又爆出了丑闻。时间飞逝，她已结婚十三年，现在已经大约二十八岁了，按理说，该是成熟稳重、谨言慎行的时候了，但实际上，她不仅情人无数，还迷恋上了安茹的亨利，他就是后来英格兰的亨利二世，本书主人公理查一世的父亲。当时，亨利是诺曼底公爵，到巴黎来拜谒法王路易七世。他在巴黎待了一段时间后，埃莉诺竟然表示，要和路易七世离婚，改嫁给他。他比埃莉诺小很多，当时只有大约十八岁①，但他谦和有礼，举止稳重，从而令埃莉诺着迷。意料之外的是，亨利对埃莉诺也同样着迷。不过，尽管她依然很漂亮，但毕竟是明日黄花了。埃莉诺年近而立，结婚都十三年了，可她还是向亨利频频示爱，最后甚至告诉他，如果他愿意娶她，她就和路易七世离婚，并将她所有的领地作为嫁妆。

此外，还有一个原因促使亨利接受了埃莉诺的求婚。亨利自称是英格兰的王位继承人。当时，英格兰国王是斯蒂芬，但亨利认为斯蒂芬是篡位者，一心想把他赶下台。埃莉诺向他保证，凭借她领地的力量，帮他夺回英格兰王位易如反掌。最

---

① 亨利当时是十六岁，不是十八岁。——编者注

终，夺回王位的考虑，占了上风。亨利不顾内心的真实想法，答应娶年龄近乎是他两倍的埃莉诺，而埃莉诺也很快离了婚。

关于这次离婚的原因，史学家们看法不一。一些史学家认为，离婚是路易七世提出的，理由是埃莉诺和别的男人有染，而埃莉诺在发现路易七世决心和她离婚后，就计划嫁给亨利，以保住自己的权势和地位。另外一些史学家认为，离婚是埃莉诺单方向罗马天主教会申请的，理由是她和路易七世是近亲结婚，而天主教会是不允许近亲结婚的。还有人认为，离婚的真正原因是路易七世受不了埃莉诺散漫多变的性格，而埃莉诺也想再找一位更加中意的伴侣，但这种观点不足为信。其实，埃莉诺很可能从没喜欢过路易七世。路易七世性格刻板忧郁，整天想的都是教堂、忏悔和祷告，埃莉诺觉得他不像个国王，反倒像个修士。为了恪守天主教教规，他穿着做工粗糙的衣服，而不是像个国王一样穿着华丽。他还剃掉卷发，刮掉胡子，这些都让埃莉诺厌恶至极。埃莉诺瞧不起自己的丈夫，还在别人那里嘲笑他,说他把自己打扮得像个老神父。总而言之,埃莉诺对路易七世一点儿感情都没了。他们都愿意结束这段婚姻,也同意将离婚的事公之于众,免得引起非议。

无论如何,埃莉诺总算离婚了。她离开巴黎,前往阿基坦公国的首都波尔多。而亨利也赶着去见她。她沿着卢瓦尔河畔前行,在卢瓦尔省逗留了一两天。这个省的伯爵英俊潇洒,放荡不羁,竟然向埃莉诺求婚,其实他的真正目的是获得埃莉诺的领地。虽然埃莉诺断然拒绝了他,但他非但不接受,反而找借口将埃莉诺扣在了自己的城堡里,除非埃莉诺答应他的求婚,否则就不释放她。埃莉诺绝不会就这样屈服,于是,她假装愿意留在这里,并做出一副心满意足的样子。这样做只是为了让伯爵放松警惕。最后,她瞅准时机,在一天夜里逃离城堡,坐上一条事先准备好的小船,顺流而下,到了图尔斯。这个镇子远离伯爵的城堡,已经属于其他人的辖地了。

从图尔斯到阿基坦的路上,埃莉诺又遇到了

另外的危险，但侥幸化险为夷。事情是这样的，安茹的杰弗里，就是已经和埃莉诺订婚的亨利的弟弟，企图抢走埃莉诺，强迫她嫁给自己，而不是嫁给自己的哥哥。这似乎很奇怪，有人如此卑鄙无耻，竟然要算计自己的哥哥，抢走哥哥的未婚妻。其实，这样的事发生在当时的英格兰王室根本不足为奇。他们彼此算计，兄弟算计姐妹，丈夫算计妻子，父亲算计儿子。这些算计大都会演变成公开的战争，而血缘关系最近的人之间爆发战争，往往是最残忍无情、最令人绝望的。

因此，杰弗里企图抢走哥哥的未婚妻，侵占她的领地，在敌对的兄弟之间已经算是一件平淡无奇的小事了。杰弗里最初的打算是，等埃莉诺的船一从上游下来，就抢走她，可是埃莉诺在中途改走发源于南部的另一条支流，从而侥幸避开了杰弗里设下的陷阱。埃莉诺沿着这条支流，侥幸躲过了杰弗里的伏击，历经千难万险，终于安全到达阿基坦公国。亨利很快赶来见她，然后，他们就结婚了，此时距埃莉诺和路易七世离婚只过去了六个星期。这门婚事从始至终都是交易。虽然埃莉诺的品行颇受诟病，但她依然是拥有权力的女公爵，现在又成了英格兰准王位继承人的妻子，所以，无论她的品行怎样，都不会影响世人对她的尊敬。

从埃莉诺与亨利第一次约会，到厘清所有与离婚相关的诉讼并再婚，时间已经过去了两年。现在，埃莉诺大约三十二岁，而亨利才二十岁。亨利似乎并不爱埃莉诺，当初答应娶埃莉诺只是为了得到她的帮助，借助阿基坦公国的力量，夺回英格兰王位。

结婚一年后，他们就发兵征讨英格兰。大军配有三十六条大船，士兵数量庞大。最后，亨利带领军队，率先登陆英格兰，向斯蒂芬的大军发起进攻。战争持续了一段时间，但双方势均力敌，最后决定和解。他们达成协议，斯蒂芬继续当英格兰国王，但他去世后由亨利继位。于是，亨利率领军队返回诺曼底。两三年后，亨利获悉斯蒂芬去世的消息，就立即以英王的身份赶往英格兰，埃莉诺则以王后的身份随行。很快，他们就在威斯敏斯特进行了加冕仪式，并举行了盛大的游行。

　　从此，阿基坦的埃莉诺，也就是理查一世的母亲，于1154年当上了英格兰王后。

第 2 章　　*CHAPTER II*

理查的早年生活（1154年—1184年）

Richard's early Life (1154—1184)

英雄们的早年大都经历过战争的洗礼，这里的战争指的是发生在家族不同成员之间的战争。战争往往源自父子之间争夺家族财产和权力的斗争。亨利二世有五个儿子，在这五个儿子中，理查行三，亨利二世还有三个女儿。他拥有大量财产，其中一部分继承自父、祖，一部分是妻子埃莉诺带来的。他拥有广袤的领土，英格兰是他的王国，诺曼底是他的公国，此外，他还有其他许多领地。他是一个慷慨的父亲，很早就把其中一些领地分封给儿子们，但他们并不满足，想得到更多。一开始，亨利二世会答应他们一些不合理的要求，但他心里清楚，一味纵容只会让他们更加贪婪，所以他后来就拒绝了儿子们的要求。结果，他的儿子们竟然结盟来对抗他。于是，叛乱、战争、围攻接踵而至。埃莉诺王后也经常加入。在这些你争我夺的战争里，最惨不忍睹的就是儿子攻击自己的父亲，洗劫、烧毁父亲的城镇，围攻父亲的城堡，致使父亲的土地上饿殍遍野。久而久之，丈夫要防着妻子，姐妹要防着兄弟。而理查似乎是这个家族里最极端、最鲁莽的一个，他在十七岁的时候就开始发动叛乱，反对父亲。这些战争打打停停，持续了很多年。每次，亨利二世刚和儿子们和解，没想到的是，儿子们很快就又和他打起来。就像他的长子亨利王储说的，如果在他们兄弟之间还有可能达成一致的事情的话，那肯定就是一起发动战争，攻打父亲。

亨利二世和王后埃莉诺的关系，与他和儿子们的关系比起来，也好不到哪里去。从埃莉诺和亨利二世结婚开始，她的未来就确定了。尽管民间对埃莉诺的品行有些诟病，但英格兰人还是非常拥护她为王后的。当埃莉诺举行加冕典礼的时候，他们组织盛大的游行，向她表示祝贺。在加冕典礼上，埃莉诺的着装格外引人注目，一方面是因为她迷人的风采，另一方面是因为她的服装风格具有无穷魅力的东方韵味。服装是她从东方的安条克公国带到伦敦来的，包括丝绸、锦缎制成的外套和围巾，缀着珠宝的紧身衣，以及可以缝在领口和衣袖上的各种饰品及漂亮的面纱等。这些衣饰在君士坦丁堡制成，流行于东方。当王后穿着它们出现时，大家赞不绝口。在这些衣服的衬托下，王后光彩照人。在场的画师为她画了像。后来，这些画像作为插图放入了书里，现在一翻那时的书就能看到。给书中的主人公画插图，是当时出版界非常流行的做法。这些插图色彩鲜艳、惟妙惟肖。加之当时的书都是纯手工制作，显得高贵而典雅。埃莉诺的一些画像保存至今，使我们有机会一睹她在加冕典礼上身穿东方服装的风采。画像中的埃莉诺戴着精美的头饰，头饰上镶着一圈璀璨的宝石。她穿着窄袖礼服，礼服上布满了密密的褶子。胸前的领口上也镶着一圈宝石。礼服的外面还套了一件优雅的连衣裙，缀着绒毛裙边。连衣裙的袖子很宽松，袖边上缝着貂皮。我们甚至能看到下面礼服的窄袖。她头上披着长长的、漂亮的薄纱。国王的服装同样华贵。所有参加加冕典礼的主教、高官也都身穿盛装。此刻，整个伦敦洋溢着欢乐，王后也感到无比自豪、振奋。

　　加冕典礼过后，国王将伯蒙德西宫赐给了埃莉诺。该宫殿距伦敦很近，坐北朝南，里面有高大的建筑、五彩斑斓的花园和风景宜人的庭院。这座宫殿建在一个地势较高的山上。站在这里，你会将整个伦敦的美景尽收眼底。

在伯蒙德西宫，埃莉诺过上了养尊处优的生活。除了伯蒙德西宫，她还有好几座宫殿，所以她经常在不同宫殿换着住。为了让自己的生活丰富有趣，她想出了很多主意，比如演喜剧、玩游戏、办宴会及举行各种庆典。于是，王宫时时充斥着热闹，处处洋溢着欢乐。国王有时也会参加。一位史学家细致地描述了国王去王后的宫殿参加活动的场面："某个清晨，国王要去参加王后举办的宴会。随行的人跑来跑去，好像丢了魂似的。车队里马撞马，车碰车，一片混乱。国王带去给王后捧场的人，有演员、赌徒、厨子、捏糖人的手艺人、莫里斯舞女、理发师和高级妓女等。他们兴奋地呼来喊去，跑来窜去。现场聒噪得简直令人无法忍受。现在，你大约可以想象到，王宫里的人生活在怎样的环境里了。"

埃莉诺加冕为英格兰王后大约三年后，理查出生了。之后，她一直住在位于牛津的一座宫殿里。该宫殿现在几近坍塌，一部分尚算完好的房间如今用作教养院。理查出生的那个房间，如今屋顶已经破烂不堪，不再适合人居住。除了壁炉斑驳的遗迹，房间里什么都没留下。别看这个房间已摇摇欲坠，它对英格兰人的吸引力却不减当年。人们络绎不绝地来这里参观，想一睹英格兰大英雄的出生之地。人们景仰的是他那大无畏的精神，而不是他那鲁莽、偏执、极端的性格。

孩提时的理查经历的第一件要事，竟然是自己的婚事。不到四岁时，他就订婚了。他的未婚妻是法王路易七世的女儿，三岁，名叫阿黛尔。其实，理查的婚事是父亲亨利二世与法王路易七世和谈的结果。路易七世的另一个女儿，也就是阿黛尔的姐姐玛格丽特公主，也是因为和谈，嫁给了理查的哥哥亨利王储。理查订婚表明英王与法王正式履行了当初的约定，所以订婚仪式办得格外隆重。

当初，就玛格丽特公主的婚事谈判时，亨利二世与路易七世在嫁妆一事上产生了尖锐的分歧。亨利二世嫌嫁妆太少,跟路易七世争吵不休。最后,路易七世被迫作出让步,增加一个省作为玛格丽特公主的嫁妆。我们不难发现,亨利二世之所以同意与法王联姻,主要是因为他打了一个如意算盘:虽然法兰西公主尚未成年,但她们丰厚的嫁妆终有一日会成为他的囊中之物。按照当时的惯例,这些嫁妆的所有权永远属于公主和她的丈夫,但如果离婚,公主则有权带走自己的嫁妆。如果公主与王子订了婚,但尚未到结婚的年龄,那么王子的父亲可以以监护人的身份暂时"保管"公主的嫁妆。我们知道,公主的嫁妆其实主要是她的国王父亲赐给她的封地,这就意味着,她未来的公公可以暂时统治这些领地。对亨利二世而言,他就是这两位法兰西公主未来的公公,可以暂时统治她们的封地。毫无疑问,这在一定程度上增加了他的领地。

于是,亨利二世的领地变得更大了。他从自己的父亲那里继承了诺曼底公国的领地,在成为英格兰国王之前就统治着那里。娶了埃莉诺之后，他与埃莉诺一起成了位于法兰西南部的阿基坦公国的统治者，这就等于他又获得了一片领土。之后，他成为英格兰国王，实力再次大增。这时，随着儿子们的婚事谈妥，他又获得了许多领地，尽管只是代儿子和儿媳管理的。这些领地散布在各地，他就将妻儿派去，由他们负责治理。当然，他仍然是这些领地的最高统治者，他们接受他的领导，获准在这些领地上兴建宫殿。然而，随着孩子们渐渐长大，他们越来越想摆脱父亲的约束，而埃莉诺王后比亨利二世年长许多，治国理政的经验又比他丰富，所以她也不愿服从亨利二世的统治。于是，家族纷争出现了，进而叛乱爆发了，这在本章开头就交代了。就像前面说的，理查也叛乱了，当时他大约十七岁。

其间，只要王子们发现自己的军队不敌父亲的军队，他们就会去巴黎，向路易七世求援。路易七世乐见亨利二世家族纷争不断，他非常愿意派军队支援那些被打得狼狈不堪的王子们。

其实，埃莉诺对这些纷争很头疼。除此之外，还有一件事令她烦恼，那就是她的丈夫迷恋上了一个跟他年龄相仿的美女，她的名字是罗莎蒙德。她在历史上被称为"美女罗莎蒙德"，我在下一章会详细讲述她的故事。这里有必要说明的是，随着丈夫对罗莎蒙德感情的加深，埃莉诺变得越来越心烦意乱。也许她无权抱怨，因为她利用自己的权力做了许多离间夫妻感情的事，比如跟别人搞暧昧，以及其他水性杨花的行为。后来，她在阿基坦公国的首都波尔多听到谣言，说亨利二世打算和她离婚，和罗莎蒙德光明正大地结婚。于是，她决定回到前夫路易七世身边。然而，阿基坦公国分布着许多驻有亨利二世军队的城堡，她担心驻军一旦获知自己的打算，会用武力阻止她。于是，她女扮男装，成功地离开波尔多，但很快就被驻军发现了。驻军长官立即派出军队追她，没过多久就追上了，将她带了回去。驻军对她十分粗鲁，把她关了起来。亨利二世来到阿基坦公国后，得知她打算回到路易七世身边，勃然大怒，因为路易七世是他的头号情敌。于是，他派人严密监视埃莉诺，以防她再次逃跑。埃莉诺的自由受到限制，这让她觉得自己像个囚犯。

这时，亨利二世和一个儿媳发生争吵，就把儿媳也囚禁起来。过了不久，他带着这两个"囚犯"回到了英格兰。又过了一段时间，他将埃莉诺送到了温切斯特的一座宫殿软禁起来，一关就是十六年。这十六年正是亨利二世和儿子们斗争最激烈的时期。

时间到了1182年，亨利二世正和儿子们激战，有消息传来，说他的长子亨利王储病危，希望能见父亲一面。亨利二世听到消息后不知所措。顾问建议他不要去，说这不过是亨利王储骗他的计谋，如果去了，就会遭到软禁。于是，亨利二世决定不去，但他还是担心长子。他派大主教为信使，给亨利王储送去一枚戒指，说这枚戒指既代表父爱，也代表父亲对他的原谅。然而不久，另一个信使告诉他，亨利王储已经去世了。亨利二世闻讯悲痛不已。此刻，亨利王储忤逆不孝的行为从他的记忆中消失了，留在他记忆中的亨利王储是他的爱子。他难过得心快要碎了。而缠绵病榻的亨利王储在临终前一想到自己对父亲犯下的罪过，就懊悔不已，他希望父亲能来见自己最后一面。大主教带着戒指及时赶到亨利王储身边。亨利王储将戒指放到唇边，接着感谢了上帝，然后，他泪如雨下，悲伤难禁。弥留之际，他陷入深深的懊悔之中，情绪变得十分激动。神父们为了让他获得平静，就围在他的床边，不停地宽慰他，但无济于事。最后，为了从痛苦的深渊里解脱出来，他命人用绳子勒住自己，从床上拽下来，拖到房间的一堆灰里。他说，像自己这样的恶棍，只配死在那里。

所有忤逆不孝的孩子在即将离世的时候，都会反省对父母所做的不孝之举，都会觉得愧对父母。而随着亲人的去世，其他一直敌对不和的亲人往往会相互谅解。这种情况的影响力不可小觑。万事如意的时候，夫妻有时会反目成仇，但遇到磨难和痛苦时，他们会冰释前嫌，和衷共济。亨利王储去世后，亨利二世和埃莉诺实现了和解。虽然亨利王储做过许多大逆不道的事,但父母对他的爱没有减少,所以他们非常痛苦。亨利二世原谅了埃莉诺对他的所有冒犯与不敬,无论这些冒犯与不敬是真的还是莫须有的。

"现在,我们亲爱的儿子已经去世了,"亨利二世说,"我们也不要吵架了。"接着,埃莉诺获得了自由,王后的头衔也随之恢复。然而,这样的日子过了不到一年,他们又反目了,和之前一样激烈。于是,亨利二世再次软禁了埃莉诺。他和理查也发生了激烈的争吵,原因与阿黛尔公主有关。理查和阿黛尔在童年时订了婚,现在他们已届婚龄,理应正式履行婚约,但亨利二世就是不同意他们完婚。

有人猜测,亨利二世之所以这样做,是因为他想继续做理查的监护人,从而尽可能久地霸占阿黛尔的嫁妆。这种猜测是有一定的道理的,但如果你知道了理查的想法,肯定会吃惊。理查认为,父亲爱上了阿黛尔,根本就没打算让他娶阿黛尔。于是,新的矛盾出现了,亨利二世和理查的关系比以

亨利二世

前更糟糕了。最后，甚至理查已经三十岁了，他的未婚妻也已二十六岁了，他的父亲还是不同意他们完婚，也不允许理查另娶。

就在这时，理查的弟弟杰弗里在一次骑马比赛中意外死亡。他骑着骏马，遥遥领先，但不幸突然发生，他从马上摔了下来，被后面飞奔而来的马踩死了。现在，亨利二世就剩下理查和约翰两个儿子了。理查年长，理应继承王位。但亨利二世不想让理查一人继承全部领地，而是打算将领地分给两个儿子。具体计划是这样的，他准备把大陆上的领地赐给理查，让自己偏爱的小儿子约翰继承英格兰的王位。同时，为了顺利实现这个计划，他打算让约翰立刻即位。

亨利二世的计划遭到理查的坚决反对。而在法兰西一边，法王路易七世已经驾崩，即位的是他的儿子、阿黛尔的弟弟腓力二世。为了获得腓力二世的支持，理查来到巴黎。他把自己的处境告诉了腓力二世，说："我已经与你的姐姐阿黛尔订婚了，但我的父亲阻止我娶她。我希望你帮我夺回属于我和你姐姐的权力。"

腓力二世跟他的父亲路易七世一样,特别喜欢干涉亨利二世的家庭事务。他对理查的请求欣然应允。与此同时,理查想方设法引诱约翰叛乱,并且取得了成功。

当亨利二世得知自己偏爱的小儿子约翰背叛自己的时候,心痛极了,但只能哀叹、生气。于是,他开始诅咒小儿子,制作了一个徽章,刻有雏鹰将母鹰的眼珠啄出来的画面,派人送给约翰。他这是在骂约翰忤逆不孝。

总之,理查长大后,面对父亲、母亲和兄弟之间无休止的争吵,他非常痛苦。其实,他的母亲埃莉诺也有一桩莫大的伤心事,那就是亨利二世和罗莎蒙德的恋情。关于这段恋情的始末,我会在下一章中讲到。

第 3 章　　*CHAPTER III*

美女罗莎蒙德（1184年）

Fair Rosamond *(1184)*

亨利二世活着的时候，他利用权力，尽量隐瞒和罗莎蒙德的关系，并讳谈她的情况。他驾崩后，王室为了保全荣誉、避免利益受损，对她的事尽量闭口不谈。这样一来，罗莎蒙德的真实情况就鲜为人知了，稀奇古怪的谣言便应运而生。历史学家们在写关于罗莎蒙德的历史时，很难掌握真实情况。目前，最值得相信的说法是，罗莎蒙德是英格兰贵族克利福德勋爵的女儿。克利福德勋爵住在一座美轮美奂的城堡里，城堡位于瓦伊河谷。瓦伊河是英格兰西部的著名河流，发源于威尔士境内的山脉，流经一个野花丛生、绿意盎然的山谷。瓦伊河从威尔士流入英格兰后，山谷变得非常开阔，土壤肥沃，风光优美。克利福德勋爵的城堡就在这里。罗莎蒙德的童年肯定是在这里度过的，甚至有可能在这里长大成人，并在这里邂逅了风华正茂的亨利二世。罗莎蒙德貌美如花，令亨利二世一见倾心。当时，他们风华正茂，亨利二世也还没有娶埃莉诺为妻。有些人认为，亨利二世秘密地娶了罗莎蒙德，只是他不想让外人知道，因为他心里很清楚，按照传统，国王和王子的婚姻取决于国家利益，而不是个人意愿。后来，亨利二世去了巴黎，遇见了埃莉诺。当他发现埃莉诺愿意带着丰厚的嫁妆——阿基坦公国与自己喜结连理时，他考虑到自己的领地会因此大增，就决定娶她为妻。同时，他跟罗莎蒙德关系依旧，但无论他们是什么关系，他都会尽量使之成为永远的秘密。

我在前文中已经讲过，亨利二世与埃莉诺结了婚，一起回到英格兰。一开始，他们如胶似漆地生活在一起，经常在各式各样的宫殿里换着住，有时住在这个宫殿，有时住在那个宫殿。实际上，这些宫殿都历经了十几代英王几百年的营建和扩建，其中最美的莫过于伍德斯托克宫了。

在亨利二世和罗莎蒙德生活的那个时代，伍德斯托克宫四周遍布风景宜人的花园和郁郁葱葱的庭院。据说，亨利二世在宫里某个偏僻的地方为罗莎蒙德造了一个隐蔽的小屋。小屋的入口藏在几乎密不透风的丛林深处，只有一条曲折复杂的小路可通。为了迷惑那些想进入的人，小路上开辟了不计

伍德斯托克宫

其数的岔路。当时，设计这种路的宫殿被称为"迷宫"。而通常情况下，迷宫只是一种引起来客好奇心的"装饰"。

古书里记载了许多修建迷宫的方法。迷宫各个方向的岔路迂回曲折，到了转弯处又会分出几条一模一样的岔路，要想从中识出正确的路，真是难上加难。当然，在这些路中，肯定有一条是正确的，它通向迷宫的中心，那里也许会有房子、赏景用的漂亮座椅、花园、凉亭及其他一些引人注目的东西。如果你是那个走到这里的幸运儿，那么你肯定会大饱眼福。如果你顺着其他路走，不是哪里都去不了，就是在各种各样的迂回曲折的岔路上绕来绕去。这些岔路看上去跟正确的小路别无二致，但走着走着突然就没路了，你就不得不走回头路。如果你想从这条走不通的路直接跨到另一条路上去，根本不可能，因为所有的路都是隔开的，中间要么是茂密的荆篱，要么是高高的墙壁。

罗莎蒙德就住在这种迷宫里，也就是伍德斯托克宫的一间小屋里。虽然这座宫殿的主人是王后埃莉诺，但她不知道这里竟藏着一位倾国倾城的美女。迷宫里的树木高可参天，荆篱青翠欲滴，它们交织在一起，将那个美女藏得严严实实，长时间以来，既没有引人生疑，更没有被人发觉。

然而，王后最终还是发现了亨利二世的秘密。故事是这样的：亨利二世惯用一条丝带来确定进出迷宫的路。一天，王后在花园里与亨利二世一起骑马，不经意看到了这条丝带，其中一部分还拴在国王的马刺上。她当时什么也没说，而是之后悄悄地顺着丝带往前走，最后到了一扇几乎全被遮住的奇怪的门前。王后打开门，一条地下通道赫然出现在眼前。现在，她的兴趣和好奇心变得越来越强烈。于是，她沿着地下通道继续走，最后到了一堵院墙外。这里灌木丛生，有个小屋若隐若现。这时，王后发现，罗莎蒙德正坐在小屋附近的凉亭里做女红。

亨利二世在伍德斯托克宫金屋藏娇的秘密终于暴露了。王后勃然大怒。据说，她立刻派人送给罗莎蒙德一杯毒酒和一把匕首，强迫她二选一自杀。最终，罗莎蒙德选择了毒酒，喝完就死了。

不过，这种说法是失真的，因为根据史料记载，王后发现罗莎蒙德的存在后，就迫使亨利二世与她分开了，但她接下来活了很多年。有人认为，罗莎蒙德与亨利二世的关系在亨利二世与埃莉诺大婚后又维持了两年，因为她很有可能被蒙在鼓里，对他们结婚的事一无所知，甚至以为自己仍然是亨利二世的合法妻子呢。事实上，她有可能真的是亨利二世的合法妻子。不管怎样，当罗莎蒙德和埃莉诺知道彼此的存在后不久，罗莎蒙德就去一所修道院隐居了，与世隔绝，了却残生。

该修道院的名字是戈德斯托，离牛津不远。罗莎蒙德在这里住了近二十年，深受修女们喜爱。亨利二世为了表达对她的歉意和思念，就在这二十年里多次捐款给修道院。而王后还是一如既往地嫉妒、猜忌美女罗莎蒙德。其实，罗莎蒙德是亨利二世和王后之间矛盾的主要因素之一。世人大都比较同情罗莎蒙德。她和亨利二世年龄相仿，亨利二世对她的感情毫无疑问是真爱；而王后的年龄比亨利二世大很多，与他的感情也不是纯洁的。当初他们结婚可谓各取所需，埃莉诺从一段痛苦婚姻中获得了解脱，而亨利二世获得了巨额嫁妆，大大增强了实力。此外，罗莎蒙德性格温柔、心灵美好，至少在世人的眼中她就是这样。她对穷人仁慈友善，隐居修道院期间殷勤地侍奉上帝。反观埃莉诺，她胆大妄为，薄情寡恩，生活放荡；更有甚者，她但凡有点儿不如意，就会对丈夫吹毛求疵。

因此，获得世人同情的是罗莎蒙德，而不是王后。其实，谁应该获得同情取决于谁是亨利二世的妻子。亨利二世可能真的娶了罗莎蒙德，或者他们至少已经举行了结婚仪式，同时这被罗莎蒙德视为完婚。果真如此的话，那罗莎蒙德就是无辜的，因为亨利二世既然已经结婚了，就不该为了得到埃莉诺的领地，先是否认与罗莎蒙德的婚姻，然后再娶埃莉诺。如果罗莎蒙德没有嫁给亨利二世，而是利用美色引诱亨利二世，让他离开妻子埃莉诺，那她就罪无可恕。这两个假设孰真孰假，现在已经难辨了，但不管哪一个是真的，亨利二世都是有罪的，因为他背弃了神圣至极的结婚誓言，逃避了一个男人永远该承担的责任。

罗莎蒙德生了两个孩子，一个叫威廉，另一个叫杰弗里。亨利二世生前似乎一度承认他们是自己的儿子，这无异于承认他和罗莎蒙德确实结过婚。一次，在战场上，亨利二世走近威廉，当着将士们的面说："威廉，你才是我真正合法的儿子，我别的儿子什么都不是。"

也许亨利二世只是想打个比方，他真正的意思是，只有像威廉这样勇敢的年轻人才够格当他的儿子，或者是他不经意说漏了嘴，承认罗莎蒙德是他的合法妻子，而埃莉诺不是。

然而，随着时间的流逝，亨利二世考虑到他和埃莉诺的政治联姻，不得不在政治上做出一些安排，并且由她生的儿子继承英格兰王位，已经是大势所趋。也许亨利二世考虑过与埃莉诺离婚，但一想到无穷无尽的阻力及许多人因为利益受损而悲伤，就望而却步了。因此，罗莎蒙德的权利，如果她真的有什么权利的话，一定会被亨利二世完全剥夺。她只能渐渐地淡出公众的视线，默默无闻地死在修道院，再也不会引起任何人的注意。

她去世后，受到她善待的修女们将她的遗体风风光光地安葬在修道院里，但修道院所在教区的主教仍然下令，将她的遗体迁走，改葬到公墓里。在他看来，罗莎蒙德没有和国王结婚，她的遗体却被葬在修道院里，还授予她不朽的荣誉，这是不合适的。如果事实真是主教认为的那样，那么他礼貌而恭敬地将她的坟墓迁走，就没有做错什么。但还有一种可能，那就是他明知罗莎蒙德嫁给了亨利二世，但为了取悦当时在位的英王、埃莉诺的儿子理查一世，他才这样说的。这就意味着，在谁是亨利二世的合法妻子这一问题上，他选择了埃莉诺。

尽管主教的做法可能让理查一世感到满意，但修女们根本不买他的账。她们不仅与罗莎蒙德交情匪浅，而且对她充满感激：自从她在修道院隐居后，亨利二世才慷慨地给予修道院捐助，改善了她们落魄的处境。于是，她们待时机成熟，就把罗莎蒙德的遗体从公墓里重新运回修道院。尽管她们看

修女们将罗莎蒙德的遗体风风光光地安葬在修道院里

到的只有干枯的骸骨，但她们还是恭敬地添加香料，购买新棺，小心装殓，将其安葬在修道院的人行道下。她们在那里放了一块刻有她生平事迹文字的石板，以作标记。

后来，伍德斯托克宫里的罗莎蒙德的秘密小屋引起了人们极大的兴趣。小屋里有一间卧室，长期冠以"罗莎蒙德的卧室"的名号。英格兰某位国王的一封信被保留至今。信是在罗莎蒙德大约死后一百年写的，内容大意是该国王下旨修缮这所小屋，特别是里面的那间卧室，要修得尽善尽美。其中一部分原文是"那个小屋一定要修葺一新，罗莎蒙德的卧室要修得和从前一模一样，不要忘记在窗子上安装玻璃，该用大理石的地方不要省，一定要安装下水管道"。从此，罗莎蒙德的故事成为英格兰历史上最有趣的插曲之一。

第 4 章　　*CHAPTER IV*

理查登上王位（1189年）

Accession of Richard to the Throne(*1189*)

理查三十二岁的时候，他父亲亨利二世突然驾崩，他奉诏继承了王位。

亨利二世驾崩前的处境凄惨极了。理查和法王腓力二世结盟攻打亨利二世。亨利二世不幸战败，接着他的大臣们一个个弃他而去，并加入了对手的阵营。亨利二世平常就易怒，更别提他的对手取得胜利时了，尤其一想到打败他的人之一是自己的儿子，他就更加生气了。他陷入了绝望，痛苦不堪；他深恨自己不该来到这个世界，大骂理查大逆不道、忘恩负义，因为他让自己蒙羞、遭难。

最后，亨利二世在军事上陷入了绝境，不得不接受议和。至于议和的条件，只要理查和法王腓力二世觉得合适，就可以任意施加。议和条件当然非常苛刻。第一场谈判在旷野上举行。腓力二世和亨利二世骑着马如期见面，他们的仆人遍布四周。识趣的理查不想亲眼看到父亲蒙羞，就没有参加。

谈判期间，一场雷雨倏忽而至。一开始，两位国王都不以为意，继续他们的谈判。亨利二世是个骁勇的骑士，一辈子几乎都是在马上度过的。他的一位史官曾说，除非吃饭，否则他就一直待在马上。总之，他与马形影不离：骑着马打猎，骑着马战斗，骑着马旅行；现在，他骑在马上跟对手在雷电交加的暴风雨中谈判。尽管他的身体一向强壮，但现在不行了，同时，他的精神因为连遭打击也大不如前，所以他已经禁不住任何风吹雨淋。突然，一阵雷声在他的头顶正上方响起来，然后落在他和腓力二世之间。当时他们都骑着马站在旷野上。亨利二世感到一阵头晕，摇摇欲坠，要不是旁边的仆人一把扶住他，他没准儿会从马上栽下来。仆人们发现他已经非常虚弱，根本无法继续谈判，就把他背回了帐篷。不久，腓力二世和理查同意了议和的条件，并将之写成条款寄给了亨利二世。

拿到议和条款的仆人给卧病在床的亨利二世读了起来，这些条款包括：剥夺他一大部分领地；勒令他的大臣服从理查和腓力二世；要求他善待而不是恨理查……当读到他必须原谅所有叛乱的或临阵倒戈的贵族时，他要求看一眼载有叛乱贵族姓名的名单，目的是搞清楚到底是哪些人在他最困难时抛弃了他。当他看到名单的最前面赫然写着"约翰"二字时，他从床上坐了起来，茫然四顾。约翰可是他最疼爱的儿子啊！怎么也会背叛自己呢？其实，他不知道约翰之所以加入反对他的阵营，是为了防止理查趁机侵犯自己的权益。

他哭着喊道："约翰，我的心头肉！我把你看得比什么都重要。因为爱你，我不惜承受羞辱和磨难。你真的背叛了我吗？"随从们告诉他，约翰的确背叛了他。他绝望地倒在床上说："既然如此，那就听天由命吧。我不会再爱惜自己，更不会再眷恋这个世界了。"

以上这些故事都发生在亨利二世和理查对抗的主战场——诺曼底。离国王养病的地方的不远处有一座田园气息浓郁的宫殿。该宫殿建在希农镇，而希农镇坐落在卢瓦尔河支流的河畔上，风景秀美，是历代诺曼底公爵重要的避暑胜地之一。为了静养病体，亨利二世命令随从们把自己抬到那里。但是去了之后，美丽的景致和随从们的精心照料没能让他打起精神,他反倒变得越来越忧郁、绝望了。过了些日子,他意识到自己快要死了,他的身体越来越羸弱,情绪越来越激动。随从时不时地听到他痛苦地呻吟:"奇耻大辱啊!奇耻大辱啊!我是一个失败的国王,一个无能的国王!我真不该来到世上,我的那些不孝孩子都该受到诅咒。"他身旁的神父们竭力规劝他不要这样诅咒别人,他们告诉他,父亲诅咒儿子是一件非常可怕的事,并希望他收回刚才的话,但他坚决不。他继续诅咒他的孩子们,杰弗里除外。杰弗里是罗莎蒙德的孩子,他一直没有背叛他,并且现在正陪着这个病人。只见亨利二世变得越来越兴奋,精神越来越混乱,最终神志不清,胡言乱语,随后驾崩了。

一个国王生前无论有多少随从侍奉,但一旦驾崩,就会树倒猢狲散。比如亨利二世,就算他奄奄一息了,他的随从们还是对他毕恭毕敬,因为他们觉得万一国王病愈,那他就会继续统治英格兰,而他们就得继续侍奉他,未来十五年到二十年的命运也都受他掌控。然而,一旦亨利二世停止呼吸，这就意味着他的时代结束了，他的儿子理查将会即位，开启一个新的时代。于是，他们再也不会害怕他，也不再指望他。接着，随从们展现出唯利是图、薄情寡义的本性，他们开始抢夺亨利二世身上贵重的衣饰，甚至找遍宫殿的每个角落，拿走所有值钱的东西。他们大言不惭地说，这些东西是他们该得的，因为按照惯例，将国王一直侍奉到驾崩的那些随从，有权获得他的随身物品。接着，这些无耻之徒没了踪迹。亨利二世的大臣们费了很大的劲儿，才用裹尸布将他的尸体裹起来。接着，他们为国王进行了装殓，并用马车将棺椁拉到修道院。

前往修道院的途中，送葬队伍遇见了理查。原来，他听说亨利二世驾崩的消息，就马上赶来参加葬礼。理查随着送葬队伍到了风特弗洛皇家修道院。该修道院在古代是历代诺曼底公爵的埋骨之处。

到达修道院后，为了见父亲最后一面，理查下令开棺。亨利二世的脸没有被盖上，所以他看到了父亲的遗容。我们知道，亨利二世驾崩前的最后几个小时，他的心里充满愤怒、怨恨，所以他的面目扭曲变形、狰狞可怖。理查吓坏了，立即转身离开了。

但理查很快就把因一瞥父亲的遗容而唤起的那些痛苦念头赶出了脑海，并立马转移注意力去处理一些迫在眉睫的事务。虽然他是英格兰王位、诺曼底公爵爵位的合法继承人，但他仍然觉得有必要采取措施巩固权力。罗莎蒙德生的两个儿子——杰弗里和威廉没有觊觎王位，但他的弟弟约翰却图谋不轨。理查一直忌惮约翰，为了防止他篡位，就立即派人赶往英格兰解除对母亲的监禁，并请求母亲在他入主英格兰前摄政。这样他就能心无旁骛地留在诺曼底，因为这里的形势要比英格兰复杂，他的邻居法王腓力二世一直对诺曼底虎视眈眈。

理查解除了对母亲的软禁，让她拥有无上光荣的摄政地位，这一决定起到了意想不到的效果。她不负所望，完成了理查的重托。某种程度上，漫长的监禁和痛苦对她是福，让她的性格变得好起来。其实，充满痛苦、历尽磨难的生活常常可以改善人的性格，唤醒其同情心，促使其乐于助人；荣华富贵、骄奢淫逸的生活却往往恶化人的性格，使人变得自私无情。

在英格兰摄政的两个月期间，埃莉诺以仁治国，释放了许多常年遭到囚禁的刑事犯，赦免了许多不幸的政治犯。她暮年将至，追思过去，悔恨不已。她犯了多宗违背人伦的罪：背叛了两任丈夫、煽动儿子们反对他们的父亲。为了减轻自己的罪责，她积德行善，努力减轻人民的苦难，虽然为时已晚，但她仍然感到些许宽慰。经过她的治理，叛乱迭起、战争频仍的英格兰渐渐地走出了苦难。她最后悔的，莫过于跟丈夫这几十年的斗争，他为此遭了不少罪。亨利二世活着的时候，她觉得与丈夫作对其乐无穷，现在他驾崩了，她没有了斗争的激情，感到无比寂寥，甚至为他的死而痛苦。她慷慨地向穷人们施舍，想感化他们去为亨利二世祈祷，从而让他的灵魂得到安息。当然，她在做这些事情的时候，并没有贻误国事。她夙兴夜寐，忧劳国政，并且告知所有贵族、主教和其他政教大员，理查即将继承王位，命令他们做好迎接他的准备。大约两个月后，理查回到了英格兰。此前，他毅然决定与法王腓力二世一起发动十字军东征。理查是个极端狂热的人，尚武好战。现在他的父亲去世了，他继承了英格兰王位和诺曼底公爵爵位，就变得更加好战。他计划组建大军前往圣地，攻打萨拉森人。

约翰十分赞同理查的计划，自言自语道："如果理查去了巴勒斯坦，那么他十有八九会战死，到那时我就可以取而代之，登基为王了。"因此，他打算利用自己的影响力，尽量促成理查的十字军东征计划。他假装臣服理查，并竭力辅佐他，就这样，十字军东征的准备工作有条不紊地展开了。

首先是筹集资金。东征开支浩大。建造运兵船需要花钱，购置装备、武器、弹药、粮饷等也需要花钱。随军出征的王公、贵族和骑士所配备的盔甲、饰品和各种武器也花费不菲。虽然他们自称随军出征的目的是带着宗教热情去收复圣墓，但真正的动机是为了建功立业，获得财富。总之，十字军东征耗资庞大是毋庸置疑的。因此，理查一到达英格兰，就马不停蹄地赶往他父亲亨利二世藏有无数金银财宝的温切斯特。在温切斯特，理查找到了一大批金银及不计其数的金盘、珠宝和价值连城的宝石。理查亲自盘点了所有财宝，并列成一个详细的清单，交给自己的宠臣管理。

接着，当初凡是支持自己叛乱、攻打亨利二世的人，都遭到了理查的罢黜。理查心想："既然他们会因为利益随我造反，那么如果得到更大的利益，他们也会背叛我。"所以他断定，他们不值得信任。现在形势变了，他的地位不同了。他自己造反时，因为他不是国王，所以他无动于衷；但现在他不能容忍他们背叛君主。其实，类似的案例在英格兰历史上比比皆是。儿子们在朝野组织党羽反对父亲的政府，致使父亲的统治陷入动乱。但父亲一旦驾崩，他的其中一个儿子就会即位，接着就是整肃朝纲，严惩不忠之人。理查也不例外。现在，他大权在握，视那些反对先王的人为邪恶之徒，动辄以曾经怂恿他造反为由贬黜他们。

第 5 章　　*CHAPTER V*

加　冕（1189年）

The Coronation (*1189*)

理查的加冕大典要举行了。按照传统，英王的加冕大典在威斯敏斯特教堂举行。威斯敏斯特教堂已经装饰一新，安排妥当。大典那天发生了犹太人大屠杀，这在历史上引起了轩然大波。在国王加冕结束后，威斯敏斯特和伦敦发生了骚乱和暴动。几个世纪以来，犹太人一直受到欧洲所有基督教国家的仇视与憎恨。因为他们不信奉基督教，所以被视为异教徒和未开化的人。压迫和残害犹太人无所不用其极的政府反倒被认为对宗教事业做出了最大的贡献。

欧洲的基督教国家大都出台了限制犹太人的法律，这导致了一种奇怪的结果——犹太人被剥夺了拥有土地的权利，为了生存他们转而去经商。他们最喜欢做的是货币和珠宝生意。对他们而言，做这种生意还有一个巨大的优势，即货币和珠宝价值高，但数量不多，因此很容易隐藏，并且当受到政府法令和仇人的威胁时，可以从一个地方转移到另一个地方。虽然当时珠宝生意被认为是非法的，但因为贵族们需要珠宝，所以犹太人还是受到了欢迎。有时，政府会下达缉盗的命令，虽然犹太人不是强盗，但他们担心遭到迫害，就会把珠宝随身藏起来，或者转移到别的地方。

由于上述和其他类似的原因，犹太人成了金融家或者放贷人。就算在当今世界，他们也是金融界和典当界的翘楚。虽然国王是一国之主，但他们为了执政或者筹集军费，常常借助犹太人的力量。

在法国，犹太人的数量越来越多，其影响力也越来越大，但腓力二世即位后，颁发了迫害犹太人的法令。接着，犹太人全部遭到驱逐，其财产被悉数没收充公，而欠犹太人的钱则一律免除。虽然法令如此，但大部分法国人出于天生的正义感仍然继续还债。这种正义感的力量不可替代，任何国家和个人都不能低估。当然，也有些法国人"搭了便车"，不再还钱。与此同时，那些贫穷的犹太人不得不突然离开法国，其生活马上陷入了困境。

英格兰的犹太人开始担心：亨利二世驾崩后，即位的理查会不会效仿法王腓力二世驱逐犹太人呢？为了防止这种事情发生，并且赢得理查的宽容，他们决定在理查的加冕大典时，赶去威斯敏斯特教堂献上一份贺礼。购买贺礼的钱是富有的犹太人出的。加冕大典那天，当威斯敏斯特教堂前车水马龙、人来人往的时候，犹太人也来了。

加冕礼是按着下面的流程进行的：国王进入教堂后，走上铺好的名贵华丽的毯子。这条毯子是用名贵的提尔紫染成的，从台阶一直铺到高高的加冕台上。国王的头顶是由四个精致的杆子支撑起的华盖，这些杆子分别由四个贵族举着。身份显赫的阿尔伯马尔伯爵捧着王冠走在国王的前面，领着国王走向加冕台。阿尔伯马尔伯爵走到加冕台上后，将王冠放在那里，坎特伯雷大主教站在加冕台前迎接国王，然后对着国王吟诵加冕誓词。

加冕誓词分为三部分：

> 第一，在他有生之年，他必须对上帝、圣教会以及圣教会的一切教条充满忠诚、尊崇和敬畏之心。
>
> 第二，他必须公正、公平地对待自己

的臣民。

第三,他必须抵制一切传入英国的恶法陋习,必须立法严明,保持良好的信仰不变,而且思想不能懈怠。

听完加冕誓词后,国王揭下外面的袍子,脱去金色的凉鞋,然后让大主教在他的头上、胸膛和肩膀上擦圣油。这种油装在名贵的圣油瓶里。

圣油擦完后,理查周围的贵族们就帮他穿戴上各种各样的皇家服装和饰品,这些贵族在加冕仪式上是担任仆从的。穿上长袍,戴上饰品后,理查登上了通向祭坛的台阶。在他走的时候,大主教以上帝的名义命令国王说,除非他能完全履行刚才的誓言,否则就不能戴上王冠。理查再次郑重地请上帝见证,他将忠诚地遵守誓言,然后他走到祭坛上,拿起王冠交到大主教的手中,大主教将王冠戴在国王的头上。这样,加冕仪式就结束了。

这时,人们走过来向国王献礼,这些人里也有犹太人。他们的礼物十分贵重,价值不菲,国王很高兴地收下了它们，尽管之前他宣布加冕典礼上犹太人和女人一律不允许送礼。虽然有这样的禁令，但犹太人代表团还是进来为国王献礼。然而，人群里有很多人开始抱怨他们，想将他们赶出去。这群人主要是贵族、伯爵、骑士和英格兰的其他权贵们，因为地位不够显赫的人是没有资格来参观加冕仪式的。而这些人，对犹太人除了怀有通常的宗教偏见外，还对犹太金融家和放贷人很恼火，因为犹太人借钱给他们时没少找麻烦，而且还要求他们偿还很高的利息。一位研究人类感情的专家曾说过，人或多或少都会讨厌自己的债主，这就是为什么朋友之间应该少有金钱瓜葛的原因。

最后，门外面有个犹太人想进来，门边的一个旁观者大声喊道："这里有个犹太人！"而且还出手打了他。这一下子激起了其他人的怒火，他们攻击着这个犹太人，而且推他，想把他赶走。紧接着，人群开始集体抗议犹太人，大厅里的人也跟着反对起来，他们开始殴打犹太人，并将他们赶出去。而当犹太人走出门时，浑身是伤，这时又有谣言说他们是被国王下令赶出来的。这个谣言不胫而走，很快就变成了一个所谓的公告，说是国王下令消灭所有非基督教徒。因此，犹太人一旦上街，被人看到，就会遭到攻击，或是遭棍子打，或是遭石头砸，不被打死，也会被打得头破血流，然后被驱赶回家。

与此同时，国王下令杀了所有犹太人的消息迅速蔓延全城。一到晚上，人们就聚集起来，先杀了所有在街上看到的犹太人，然后围着其他犹太人的房屋，破门而入，最终将他们杀死。有时候，房屋比较牢固，犹太人从里面顶着门，暴徒们没办法进去，就找来可燃物，堆在他们的窗户和门上，然后将房屋全部烧毁，房屋里的男女老少无一幸免。如果屋子里的可怜人有想跳窗而逃的，这些暴徒就会在窗户下面举起长枪长矛等他们跳下来落到上面。一到晚上，就会有很多这样的大火，照亮了整个天空。甚至一度酿成大火灾。

随着这样的夜晚慢慢过去，这种狂热变得越来越暴力。最后，大街上和犹太人居住的地方都充斥着暴徒的喊声和疯了似的愤怒，还有恐惧不已、快要死去的受难者们的尖叫声，他们被困在噼啪作响的、血红的火焰中。

与此同时，国王和他的领主、贵族们却在威斯敏斯特的大宴会厅寻欢作乐，根本没有留意这些暴乱。他似乎认为这是无关紧要的事。最后到了夜间，他才派了一个军官和几个人来镇压暴乱，但是已经太晚了。暴徒不理会这一小股人组成的军队，还威胁士兵离开，否则就要杀死他们。于是，军官将此事报告了国王，但国王并没派兵镇压。暴乱便一直持续到第二天凌晨两点左右，因为暴徒们觉得累了，暴乱才逐渐停止。

参与这场暴乱的人中，有几个后来被判入狱，三个人被绞死，但并不是因为他们杀害犹太人，而是因为他们烧毁了一些基督教建筑。这些建筑被烧毁全都是意外，要么是在混乱中起火，要么是被起火的屋子引燃。这就是对犯下滔天大罪的暴徒们的全部惩罚。但是，为了体现理查的公正，情况肯定会被说成他在暴乱发生后颁布了一项法令，禁止虐杀犹太人。因为他说过，从他加冕的那天起，他将会保护所有的子民，绝不允许有人伤害他们或者霸占他们的财产。而就是这场可怕的动乱，让头戴皇冠、身穿皇家长袍的理查的加冕礼臭名昭著。

第 6 章　*CHAPTER VI*

为十字军东征做准备（1189年）

Preparations for the Crusade(*1189*)

理查继承王位后做的第一件事，就是准备十字军东征。领导一次十字军东征，一直以来都是理查一世的远大理想。他受了母亲的影响，犹记得小时候母亲对他说的话，于是他对去圣地建功立业表现出惊人的狂热。正如之前提到的，他母亲在第一段婚姻期间参加过十字军东征，而且她肯定跟幼年理查讲过很多她在十字军东征期间的故事，以及充满传奇色彩的所见所闻。这些故事以及他们之间的谈话，激发了幼年理查的想象力，点燃了他想去同一片热土建功立业的狂热渴望。随着理查逐渐长大成人，他目睹了英勇的十字军战士取得的赫赫战功。于是，这种渴望就变得更加强烈了。除此之外，理查冲动鲁莽，像狮子一样勇猛。这样的性格使他将冒险看作一种游戏，使他渴望去一个遍布敌人的地方作战。这些所谓的敌人令当时的基督教国家痛恨至极。理查一世可以揣着一腔怒火大开杀戒，自己不光过了瘾，而且良心不会有任何不安。至少，他的同胞不会谴责他。因为那时的基督教徒都认为，在圣地杀死萨拉森人是受了基督的指

理查一世

引，是替天行道。想象一下，为了去圣地祭拜善良、谦逊的耶稣，或者为了得到他墓地的财产，数千人竟去做谋杀、掠夺、破坏的恶事，全然不顾他倡导的和平理念，不顾他仁爱、温和的形象，这是多么荒唐的欺骗啊！

在理查一世看来，为十字军东征做准备，首先要做的就是筹集资金。正如之前已经提到的，如果要像理查一世计划的那样，组建如此宏大的东征，要花很多钱。要建造并装备舰队；要在船上储备军需物资。征兵需要钱，制造武器弹药也需要钱。那时使用的盔甲和武器，尤其是骑士和贵族的盔甲和武器，甚至马衣都昂贵至极。盔甲是用铁精心打造而成的，剑、头盔、圆盾、马衣和骑兵的服装都由工匠手工制作，而且通常还要用五彩缤纷的花纹装饰，镶上贵重的黄金和宝石。今天的人们会用房子及其里面昂贵、华丽的陈设来表现自己的富有，而不会在身上挂坠太多的珠宝，否则会显得很没品位。当然，女士除外。然而，理查一世那时情况恰恰相反。骑士和贵族们都住在简陋的石头城堡里，里面昏黄黑暗，气味刺鼻，既没有豪华的家具，也没有舒适的环境，他们却在铠甲和战马上一掷千金，把它们装饰得极尽奢华，好去战场上耀武扬威。

理查一世心如明镜似的，要想东征，就得花大钱。为了筹集这些钱，他想到一个办法，但这个办法既不计后果，又得不偿失。他的父亲亨利二世使用各种手段，最终获得了英格兰各地许多地产。这时，理查一世将这些王室的地产竞价出售。最后，理查一世把地产卖给了那些出价最高的人。就这样，他卖掉了许多城堡、要塞和镇子。于是，王室财产急剧减少。购买地产的那些人如果钱不够，就向犹太人借。理查一世的一些大臣反对他这种不计后果的政策，但他的回答是，他急着为十字军东征筹钱，如果有必要，他甚至会卖掉伦敦城，就怕没人买得起。

理查一世通过出售王室地产，筹集了不少钱。之后，他又开始卖官鬻爵。他找到英格兰所有的富翁，根据他们出的价格高低，分别为他们安排了官职；同时按照同样的方法，他卖掉了贵族头衔。如果有的官员不是很富有，却担任了一个重要职位，他就会找借口罢免他，然后将这个职位卖掉。研究这一时期的一位历史学家说，这段时间，理查一世的宴会大厅变成了一个固定的贸易中心，就像是商人或者交易所的账房。王室的任何财产或是贵族头衔都可以公开出售。出价最高者得之。

理查一世另一个筹钱的方法，是让犯人交钱抵罪。当然，这个办法恶劣至极。为了尽量多地筹钱，理查一世会找各种莫须有的罪名起诉富人，然后强迫他们缴纳一大笔罚金抵罪。据说，一大批政府官员都受到了控诉。他们锒铛入狱，除非缴纳三千英镑的罚金，否则就出不了狱。

理查一世同父异母的哥哥杰弗里，也就是罗莎蒙德的儿子，是其中最惨的人之一。根据亨利二世驾崩时的遗嘱，杰弗里应被任命为约克大主教。理查一世找了个借口，表示不同意，或许他是想把这个官职也卖了。不管怎么样，理查一世声称杰弗里若想平安，就必须交一大笔钱。最后，杰弗里确实交了钱，遂了理查一世的愿。

通过这些和其他类似的方法，理查一世想尽办法在英格兰筹集到了一部分钱。之后，他准备穿越英吉利海峡，去诺曼底看看是否能筹到更多的钱。但出发前，他首先得对英格兰的政事做些安排，最重要的是任命摄政王，在他离开的这段时间，由摄政王治理英格兰。这是君主制国家的惯例。无论何时，不管是因为国王年幼、精神障碍、长期生病，还是不在国内，只要国王无法亲政，就必须任命摄政王来替他治理国家。成为摄政王的人通常是与国王有血缘关系的王室人员。理查一世的弟弟约翰希望能当摄政王，但理查一世并不这么想，他要将这个职位也卖了，就像卖其他官职一样，可是约翰没钱。他同样不能任命他的母亲担任摄政王，尽管无论从哪个方面来讲，她都是非常合适的人选。所以，理查想了一个折中的办法。他将摄政王的职位名义上卖给两个有钱的朝臣，让他们一起摄政，其中一个是主教，另一个是伯爵。或许，说他直接把摄政王的职位卖给他们有些言过其实，但他确实任命他们二人共同摄政，而且私底下收了一大笔钱。同时，他指定母亲和约翰有权参与并裁决国家大事。不过，约翰对这种四人共同摄政的局面非常不满，但他仍然千方百计、热情殷切地支持理查一世东征。他的如意算盘是，一旦理查一世一到圣地就战死，他就可以称王了。因此，这段时间，谁是摄政王也就无关紧要了。他下定了决心，凡是理查一世的提议，他都不会反对。

理查一世正要准备渡过英吉利海峡去诺曼底，这时，法王腓力二世的使者来了，与他商议十字军东征的计划，然后确定出发时间。当时正值晚秋，腓力二世的提议是，明年三月底再出发，因为从现在到明年三月天气恶劣。理查一世认为，三月底出发，他应该有充裕的时间完成准备工作。最后，双方就时间达成一致，并庄严起誓，确保各自做好准备，不得出现闪失。

过了不久，理查一世辞别了朋友们，率领许多伯爵、男爵、骑士和侍从离开了英格兰，穿越英吉利海峡前往诺曼底。这些人将和他一起出征，前往圣地。

离东征的日子越来越近了，理查一世觉得有许多事情要嘱咐和安排。于是，他决定在离开欧洲前再与母亲和约翰见一面。他就派人去接约翰和母亲来诺曼底，而且决定在这里召开国事会议。会议召开时，他打算妥善安排国事。当然，还有一件事不得不防，那就是法王腓力二世有可能背叛。当时，基督教世界英勇的国王们彼此都不怎么信任。无论是理查一世，还是腓力二世，也是相互猜忌，怀疑对方是否忠诚。毫无疑问，他们两人都不放心离开自己的领地去东征，除非另一个人也一起去。如果一人去，另一人留下，那么留下的那个肯定会找借口趁对方不在，入侵并抢夺对方的一部分领地。这也是理查一世与腓力二世同意一起东征的原因之一。现在，为了以防万一，他们正式签署了盟约。他们庄严地起誓，要肝胆相照，坦诚相待；在任何情况下，都要维护对方的安全和荣誉，不得置对方于危难而不顾；不得图谋对方的领地，腓力二世要像对待自己的城市巴黎那样正视理查一世的权益，理查一世要像对待自己的城市鲁昂那样正视腓力二世的权益。

奇怪的是，在盟约中，理查一世竟然将鲁昂称作英格兰的首都，而不是伦敦。这就表明，虽然英格兰和诺曼底都归理查一世统治，但在他看来，诺曼底才是他的权力中心，而伦敦更像是附属的领地。也有可能理查一世认为，鲁昂离法国更近，腓力二世更了解这座城市。

该协议于二月签署，到了三月，在约定的时间，十字军东征的准备工作基本完成了。

第 7 章　 *CHAPTER VII*

起　航（1190年）

The Embarkation (*1190*)

理查一世计划东征前往圣地，舰队即将出发。他先把舰队派到马赛，并命令舰队在那里等他。马赛位于法国南部，距地中海不远。理查一世大军本来都可以走英吉利海峡，但正如读者们所知道的，这样一来，就意味着要走很长的海路绕过法国和西班牙的海岸，然后穿过直布罗陀海峡。理查一世认为，军队最好能绕过这段弯路，所以就只派他的舰队载着少数部队走海路，而他自己则带着陆军经法国走陆路。

而法王腓力二世没有舰队。英格兰是海权国家，长久以来一直拥有舰队。亨利二世在位期间，英格兰舰队迅速扩大。他打造了很多新舰，其中有几艘排水量很大，最初计划专门用于向巴勒斯坦运送军队。亨利二世有生之年没有机会进行东征，现在这支舰队传到了理查一世这里。

然而，法国当时不是海权国家，其北方大部分海港都属于诺曼底，即使是南方一些海港也不属于法国。因此，腓力二世没有自己的舰队，但他已经做出安排，请热那亚共和国提供船只。于是，他决定翻越山岭去热那亚，在那里上船，而理查一世则赶去法国南部的马赛。

理查一世制定了一套详尽的规章来管理舰队，要求舰队严格遵守。下面就是规章的部分内容。

一、如果在港口或者陆地上，有人斗殴杀人，杀人者要和死者绑在一起活埋；要是在船上，就绑在一起扔进大海。

二、如果有人行凶伤人，行凶者要被倒着吊到船桁顶端，然后整个头部在海里淹三次，以示惩罚。

三、如果有人说了亵渎或侮辱神灵的话，每次罚款一盎司银币。

四、如果有人行窃，行窃者的头发要被剃光，往头上倒滚烫的沥青，然后粘上絮在枕头里或者棉垫里的羽毛。就近靠岸停船，再将行窃者扔到岸上。行窃者是死是活，听天由命。

最后这条使用沥青和羽毛惩罚犯人的刑罚是理查一世首创，也就是说，这种残忍的刑罚始于理查一世。

理查一世任命三位威望素著的军官指挥舰队，并且命令所有的海军士兵严格服从他们三人的一切命令，就像国王在船上时，众人服从国王的命令一样。

在前往马赛港的途中，舰队遇到了种种危险。舰队出发后没多久，就遇到了大风暴，整个舰队被冲散。最终，舰队损失惨重，但大部分船舶已成功驶入塔霍河，向葡萄牙的里斯本求助。而当时，摩尔人经非洲北部入侵了葡萄牙，葡萄牙国王桑乔一世正在跟摩尔人作战。于是，他建议舰队的十字军战士稍停几天，帮他打摩尔人。他说："他们都是勇猛的'异教徒'，和你们去圣城攻打的敌人是一样的。"舰队指挥官同意了他的建议，但士兵们上岸后，很快就使里斯本发生了骚乱。他们跟当地民众多次斗殴，场面血腥，因此，没过多久，葡萄牙国王就急着打发他们离开。最后，他们找了个合适的时机，重新启程，继续航行。

舰队在海上航行的同时，理查一世和腓力二世正在练兵，为陆战做准备。两国军队训练完毕后，来到韦兹莱会合，这里地势平坦开阔，适合大军露营。去里昂要经过韦兹莱，两军约定好在这里会合后，一起开赴里昂。据说，此次两国军队加起来约有一百万人，这在当时算是相当庞大的一支军队。军队所面临的最大困难是，将士们每天都要自己寻找粮草。这样庞大的一支军队要想生存，就不可能依靠长途运输来获得补给，而是走到哪里吃到哪里。

在徐徐进军的途中，英法联军吃光了所经过国家百姓的粮食。于是，这些国家变得一贫如洗。联军共同前进一段时间后，来到了一个岔路口，腓力二世率部拐弯去了左边，想穿过阿尔卑斯山口，前往热那亚共和国；理查一世则率部向南挺进马赛港。

到达马赛港后，理查一世发现他的舰队还没有到。上文已经讲到，舰队遇到了风暴，风暴过后又在里斯本逗留了几天。于是，舰队的行程延误了。最后，舰队到达的时间比原来约定的时间晚了很久。大军原定于3月底出发，但到了那时腓力二世却无法出征，一方面因为适逢他的王后埃诺的伊莎贝尔薨逝，另一方面因为理查一世也没有准备好。

理查一世看到舰队还没到达，十分失望。那时既没有邮局，也没有遍布全国各地的通信设施，所以他无法获得舰队的消息，不知道舰队何时能到。

理查一世耐心地等了八天，然后决定率领大军向东方前进。临走前他留下命令，要求舰队随后跟上他。他雇了十艘巨大的战舰和二十艘马赛港商人的平底船，让一部分将士登船，令剩下的将士等待舰队到达后，一起赶往西西里岛的墨西拿，他会在那里跟他们会合。

理查一世乘着雇来的战舰，沿着海岸行进，前往热那亚。他在那里看到了法王腓力二世，他早就经陆路安全到达了。

从马赛港出发，沿着法国海岸向东北航行，就可到达热那亚，然后沿着意大利海岸，向东南方向前进，就可到达墨西拿。在任意一幅现代欧洲的地图上，这条航线都可以轻易找到。理查一世之所以要在墨西拿集结军队，原因有二：第一，墨西拿是个港口城市，拥有优良的海湾，地处整条航线的中间位置，有利于会师；第二，理查一世的妹妹琼是西西里王国国王威廉二世的王后。威廉二世已经驾崩了，那时她已经退出了政治舞台，生活也过得有些窘迫，因为王位已经被一个叫坦克雷德的人夺走了。坦克雷德是她的敌人，而且她坚持认为他不是丈夫王位的合法继承人。所以理查一世决定，停在墨西拿，调查这件事，并帮妹妹恢复失去的地位。或者说得更确切一点，他认为这件事为他提供了一个有利的机会来干涉西西里王国的内政，而且，他还可以继续在这里嚣张跋扈地逞威风。

在热那亚待了片刻后，理查一世乘着一艘小型战舰再次起航，沿意大利海岸向南前进。他中途几次靠岸，去参观著名的城市及名胜古迹。理查一世乘船向亚诺河上游而去。亚诺河最终注入了意大利西北的热那亚湾。亚诺河周边分布着两座著名的城市——佛罗伦萨和比萨，时至今日，还有很多游客去参观。比萨在亚诺河口附近，而内陆的佛罗伦萨则离河较远。

理查一世溯流而上，一直到比萨。参观完比萨后，他又返回河口，沿着意大利海岸南下，最后驶入台伯河，并在奥斯蒂亚靠岸。奥斯蒂亚是台伯河口附近的一个小港口，属于罗马。他选择在奥斯蒂亚靠岸的一个理由是，他行军用的平底船需要维修，而这里正好方便维修。其实，他很有可能是为了参观罗马才停靠在这里的。不过，理查一世在奥斯蒂亚，跟这里的大主教发生了争吵，然后就突然离开了，而且也不去罗马了。争吵的原因是大主教要求他归还欠罗马教皇的一部分钱。当时，欧洲所有的天主教国家都要向罗马教皇缴纳一定的税费，这是罗马教廷财政收入的重要来源。理查一世从英格兰得到的钱全花在十字军东征上了，同时还占用了应该付给教皇的钱。现在，主教要求他偿还，这使理查一世非常生气，不过，这倒是预料中的结果。

理查一世粗暴地抨击、侮辱主教，指控罗马教廷的腐败和罪过。这些指控可能是真的，但他不应该在这个节骨眼儿上指控，因为对方正要求他偿还债务。理查一世很生气，战舰一修好，就乘船离开了。接下来，他停靠的地点是那不勒斯。

到了那不勒斯后，理查一世很高兴。这里靠近维苏威火山，拥有迷人的海湾。因为环境优美，所以那不勒斯久负盛名。理查一世在这里待了几天。他来这里还有个原因——去当地教堂的地下室做祷告。地下室是教堂里一个隐秘的地方，它上面是地板，还有教堂的柱子和墙面。实际上，地下室就是墓穴。理查一世在那不勒斯做祷告的墓穴，墙壁上排满盛放尸体的壁龛。尸体被制成木乃伊，穿着衣服，打扮成在世时的样子；脸是露出来的，表情恐怖诡异。中世纪时，为了将宗教刻在人们的思想深处，教堂经常采用这些手段。

在那不勒斯待了几天后，理查一世决定继续赶路，但是他没有选择乘船走海路，而是选择走山路去萨勒诺。萨勒诺是海滨城市，在那不勒斯南边，两地相距不算太近。那不勒斯下方有一个大海岬伸入海洋，它的南面形成了萨勒诺海湾。理查一世沿着山路前进，穿过山口就到了海岬的最窄处。同时，他命舰队前进。之前很多十字军战士及诺曼人都在这里登陆，并在这里修建了许多教堂、修道院和学习场所，这深深地吸引了理查一世。

　　理查一世在萨勒诺一直待到他的舰队从那不勒斯驶来。走陆路可以欣赏风景，这使他身心愉悦，所以他决定继续走陆路，同时让舰队沿着海岸航行。于是，理查一世就由一小队士兵护卫着，骑着马继续赶路，有时进了深山，有时来到海岸附近。有些路特别靠近悬崖，站在悬崖上，整个大海的美景尽收眼底，海面上浩浩荡荡地前进的舰队一览无余。

　　最后，理查一世来到意大利南部的卡拉布利亚。这里的路况非常糟糕，当时正值秋季，经常下雨，致使洪水泛滥。有时，军队甚至无法赶路。途

理查一世继续赶路

中，理查一世跟一群农民起了冲突。他这样做十分丢脸，其粗鲁残暴的性格暴露无遗。事情是这样的，他带着一名侍卫顺着一条乡村小路前进，恰巧经过一个村庄，这时有人告诉他，这里有个农民养了一只凶猛的猎鹰。当时，用猎鹰打猎是骑士和贵族酷爱的一种娱乐活动。理查一世听到这个消息后，说一个农民没有资格养这样凶猛的猎鹰，于是他宣布要去这个农民家，把猎鹰带走。理查一世一向专横跋扈，鲁莽残暴，这是众所周知的。这件事表明，理查一世虽然贵为一国之主，但他没有一点儿王室的高贵与慷慨。他为了一只猎鹰，竟然去抢劫一个贫穷的农民。这真的是太卑劣了，很难相信一位国王会做出这种事。

理查一世立刻采取行动。他去了农民家里，找了一些借口，将农民的猎鹰据为己有。之后，他准备骑上战马带着猎鹰离开。农民请求他把猎鹰归还，但理查一世根本不理他，骑马走了。于是，农民开始呼救，其他村民纷纷来助，他们随手拿起一件武器，跟上了理查一世，最后包围了国王，想把猎鹰带走。理查一世企图用他的佩剑将他们击退。很快，他在刺向一个农民的时候，弄坏了自己的佩剑。现在他几乎无法自卫，要想活命只能逃跑。他设法突破了农民的包围，然后疾驰而去，他的仆人就跟在后面。最后，理查一世逃到了一个修道院。修道院迎接了他，并为他提供保护，以免他再遇到危险。而在前面的打斗中，理查一世也失去了猎鹰。事情稍稍平息后，他继续赶路，途中没有再遇险。最终，他来到最接近西西里岛的海岸。他在岸边的岩石上搭了一个帐篷，在里面过了一夜。第二天，他将进入墨西拿。墨西拿就在他的对面，只隔着眼前这个狭窄的海峡，正是这个海峡将西西里岛与意大利半岛隔开。

第 8 章　CHAPTER VIII

理查一世在墨西拿（1190年）

King Richard at Messina (*1190*)

尽管理查一世几乎孑身一人，并且是在不光彩的情况下——因为卑鄙的抢劫行为，他激怒了一群农民，最终仓皇而逃——来到了墨西拿对面的意大利海岸，但最后他还是大摇大摆地进了当地的镇子。上岸后，他待在海峡的意大利这边，然后派人去墨西拿，把他的位置告诉了他的舰队指挥官们。这时，他的舰队已经到墨西拿了。接着，整个舰队立刻起航，赶到意大利这边，接理查一世上船，护送他离开。理查一世率领舰队前往墨西拿，风光得犹如凯旋。舰船上各种设施齐全，装饰精美。当舰队沿海岸航行进入墨西拿港时，理查一世让许多乐师来到甲板上，吹起喇叭和号角。整个空中充斥着喇叭和号角的回声，响彻整个西西里岛。当看见这么一群强大的外国士兵走来时，西西里岛人不由得惊恐万分，就连他们的法国盟友也高兴不起来了。法王腓力二世既嫉妒理查一世有比自己更强大的实力，也警惕理查一世傲慢而自大的行为。虽然腓力二世已经到达墨西拿有段时间了，但他的舰队——由在热那亚租的船构成，战斗力不强——在来的途中受到了风暴重创，所以到墨西拿时已经残破不堪了。现在，看着理查一世率领实力强大的舰队浩浩荡荡地到来，他变得焦虑起来。他的大军同样变得焦虑，这样一来，稍有不慎，两军就会公开反目。

腓力二世心想："如果我和理查都在墨西拿久待，那结果就难料了。所以，我还是尽快离开这里吧！"

腓力二世这么快就决定起航，其实还有一个至关重要的原因，那就是墨西拿解决不了大军的给养问题，于是减少在墨西拿的驻军数量就成为当务之急。因此，舰队经过匆匆修补后，就驶离了墨西拿。然而，这次他的运气还是很背——又遇到了风暴。他被迫返回墨西拿。再次出发的准备还没有做好，冬天就来了，他只得打消离开墨西拿的念头，等待春天到来。

遇到风暴这种困难，理查一世与腓力二世早就预见到了，并想到了避开风暴的办法，那就是3月分别从英格兰和法国动身，这是因为在他们那个时代，在地中海上安全航行最早的月份可能就是3月。读者应该能想起来，于3月动身的计划因腓力二世王后之死而耽误了，接着，这事那事接踵而至，计划耽搁得也就更久了，最后一直过了夏至，计划才正式落实。他们虽然仍然盼着在冬季来临前到达圣地，但现在还是停在了半路上。腓力二世忧心忡忡，打算尽快安排妥当，让大军进入冬季宿营地过冬。

理查一世也好不到哪儿去，像腓力二世与法军一样陷入了困境。更有甚者，他还蓄意与西西里国王发生争吵，这位国王就是坦克雷德。

当时，西西里王国由两部分构成，一是西西里岛，二是意大利南部。许多年前，理查一世的妹妹琼嫁给了先国王威廉二世。威廉二世驾崩后，坦克雷德即位，但他不是合法继承人。读者要想搞清楚理查一世与坦克雷德争吵的真相，需要弄明白坦克雷德是如何即位的。

如果琼的丈夫威廉二世有儿子，那他的儿子就是合法的继承人，但他没有儿子。威廉二世驾崩前，他已经不再指望其他人给他生下儿子，于是开始在王室中挑选继承人。

最后，威廉二世的目光锁定在康斯坦丝公主身上。她是威廉二世的堂妹，也是与他血缘最近的人。然而，根据西西里王国的传统，女人是不能继承王位的。威廉二世还有一个亲戚，是一个名叫坦克雷德的年轻人。由于某些原因，威廉二世不太愿意让坦克雷德即位，但他心里明镜似的，就是因为康斯坦丝公主是女人，所以臣民们一方面会强烈反对她即位，另一方面会坚决拥护坦克雷德即位。威廉二世心想，如果让康斯坦丝公主嫁给一个强国的王子，或许某种程度上就会堵住臣民们的嘴。最后这件事还真让他做成了，他选定的王子名叫亨利，是神圣罗马帝国皇帝腓特烈一世之子。

康斯坦丝公主婚后离开了西西里，与她的丈夫一起回了神圣罗马帝国。不久，威廉二世把贵族们召集到一起，让他们宣誓效忠康斯坦丝公主和亨利，并在他驾崩后拥护他们为王位的合法继承人。万事都安排妥当后，他就准备在首都巴勒莫，与妻子静静地过完最后的日子。

与琼结婚时，威廉二世曾送给她一大片封地作彩礼，封地中有好几处物产丰饶的庄园。这些庄园连成一片，并把蒙特加罗海岬包围了进去。在任何一幅意大利的地图上，你都能看到这个海岬，它差不多就在那不勒斯对面。这片封地极其广袤，除了这些庄园外，里面还有几处城堡以及两处修道院。城堡四周点缀着若干个湖泊，生长着几片森林；修道院四周，牧草青青，林木葱葱，葡萄园郁郁，更有几个湖泊，真是美不胜收。这些庄园及其收入永归琼所有。

王位传承一事安排妥当后不久，威廉二世就驾崩了。当时，康斯坦丝公主不在西西里，而是与丈夫在神圣罗马帝国。很快，一大批王位竞争者冒了出来，纷纷宣称拥有即位权，其中就有坦克雷德。经过激烈的政治斗争，坦克雷德打败了所有的对手，登上了王位。他视先王的遗孀琼为敌。对于她的庄园，一部分被他没收，另一部分被别人抢走了。后来，他带着琼去了巴勒莫，正如理查一世所料，她被关进了监狱。以上这些事情发生在理查一世抵达墨西拿的几个月前。

从西西里岛的地图上可以看到，巴勒莫位于西西里岛的西北角，而墨西拿位于其东北角。当理查一世在西西里岛登陆时，他就听说自己的妹妹，也就是西西里王国国王威廉二世的遗孀，身陷囹圄，庄园也被没收了，而登上王位的这个人，在理查一世看来，却是篡位者。西西里王国的政局让理查一世获得了干涉西西里王国内政的机会。

理查一世的大军登陆后，就在墨西拿城外的海岸附近安营扎寨。墨西拿城的郊区有两处高地；一处成了理查一世大营的所在地；另一处在理查一世大营的旁边，那里有一所修道院。理查一世安顿好后，就立刻派代表团去巴勒莫谒见坦克雷德，要求他释放琼，并把她送过来。坦克雷德否认把琼关进了监狱，但他还是立即答应了理查一世的要求，并将琼送到理查一世那里。坦克雷德有许多艘御舟，他拿出一艘让琼乘坐，同时命令自己的卫队护送她前往墨西拿，到那里后，把她交给理查一世。理查一世还要求坦克雷德归还琼的封地。坦克雷德对此做了一些解释，但理查一世听不进去。他对妹妹琼说："这个问题不容讨论，我们要去夺回那片封地。"

于是，理查一世率领部分军队坐船渡过墨西拿海峡，在意大利这边的海岸登陆，然后占领了一座城堡及其周围地区。接着，他命一支劲旅驻守城堡，并让琼负责指挥，而他自己则回到了墨西拿，以便加强他在那里的军事实力。他觉得，如果占领了大营旁边的修道院，那么就可以将修道院建成坚固的要塞；再经过苦心经营，到时候就算坦克雷德来袭，他的大营也会稳如泰山。于是，他立刻占领了修道院，接着赶走了所有的修士，搬走了所有宗教器皿。最后，他把修道院改建成了要塞。他让士兵们进入要塞守卫，同时在修士们学习和祷告的房间里放满了武器、弹药和军械。理查一世的目的是对付坦克雷德，如果坦克雷德胆敢偷袭，就好好教训他一下。

没过多久，理查一世和腓力二世的士兵们和墨西拿人起了激烈的争执。在大营附近的镇子，当地的百姓与士兵们摩擦不断。士兵们野蛮残忍，除了他们的长官，他们谁都不怕；他们经常残害手无寸铁的百姓。尽管百姓们通常会忍气吞声，但有时物极必反，他们也会愤而反抗。理查一世在墨西拿的军队对当地百姓施虐，尤其是强奸妇女的行为，让她们的父亲、丈夫愤怒至极，忍无可忍。一次，士兵们在街上遭到了攻击，其中几个被杀了，其余的仓皇而逃。一群百姓一直追到大营才罢休。逃回大营的士兵狼狈不堪，恼羞成怒，号召别的士兵与他们一起去复仇，结果严重的骚乱爆发了。这群狂怒的士兵匆忙集结起来，向墨西拿城冲去。他们挥舞着武器，愤怒地咆哮着，发誓攻破城门，然后屠城。理查一世获悉此事，就立刻骑马向城门赶去，他打算阻止士兵们，并带他们回去。但士兵们太愤怒了，一时之间都不听他的号令了。理查一世见状，就催马进入士兵中间，然后用皮鞭狠抽士兵们，终于让他们冷静了下来。最后，士兵们回了大营。

第二天，讨论如何善后、防止旧事重演的会议召开了，与会的有英法两军的指挥官、墨西拿的官员及当地的长者。然而，与会双方情绪激动，根本谈不拢。会议进行期间，一群百姓聚集在一处比会场地势略高的山丘上，说他们只是来旁观的，但理查一世却说他们有阴谋，要袭击会场。百姓们一听就火了，竟然摆出进攻的态势。几个靠近这群百姓的诺曼士兵跟他们吵了起来，最后有个诺曼士兵被杀了，其余的士兵大呼："抄家伙！"就这样，会议在混乱中结束了。理查一世回到大营，不胜其怒，召集部下。虽然腓力二世竭力想缓和矛盾、阻止战争，可他发现理查一世根本不肯听他的，气得他当众说，自己恨不得去帮西西里人攻打理查一世。他当然不会真的这么做，而是想尽一切办法来平复理查一世的盛怒。然而，理查一世已经失控了，他率军直奔那群百姓聚集的山丘。理查一世挥军猛攻。尽管百姓们也是全副武装，但终究是一群乌合之众，哪里挡得住正规军的猛攻！他们作鸟兽散，向墨西拿逃去。理查一世率大军穷追不舍，逢人便杀。最后百姓们逃进了城里，关上了城门。现在，墨西拿上下人心惶惶，凡是能战斗的人，有的上了城墙，有的去了城门，以防理查一世的军队来犯。

大军经过短暂休整后，力量变得更强大了，开始猛攻墨西拿。镖、箭从城墙上投射下来，理查一世的几名指挥官和一些士兵死于流矢，但最终，英军登上了城墙，攻克了城门。接着，理查一世率领大军进城了。等到全城的人都被制服后，理查一世就把旗帜悬挂在塔楼上，这意味着，坦克雷德的这座城市，正式被他完全占领了。

腓力二世对此表示强烈抗议，但理查一世说，现在他已经占领了墨西拿，如果坦克雷德无法妥善解决他妹妹琼的问题，那他就会一直占着。腓力二世坚持说，理查一世不应该这样做，甚至威胁道，如果他不撤离墨西拿，就和他解除盟约。最后，理查一世妥协了，同意降旗、撤军，而墨西拿暂由几个他和腓力二世共同指定的骑士管理。

墨西拿事件稍稍降温后，理查一世和腓力二世开始意识到，他们吵架是多不明智。他们共同的事业是那么伟大，那么危险，如果失去了团结，根本就不可能成功。于是，他们选择了和解，至少表面上看起来是和解了。他们重新宣誓，保证今后不再生嫌隙。

不过，理查一世最终并未理会什么抗议，依然以最野蛮的姿态，骑在西西里人头上作威作福。墨西拿的一些贵族义愤填膺，纷纷离开这里，而理查一世立即没收并变卖了他们的庄园，卖回的钱都据为己有。理查一世不断加固军营：从修士那里抢来的修道院已经被改成了城堡，城墙上建起了碉堡，环城的护城河也挖好了。此外，他在一处可以俯瞰全城的山丘上另建了一个城堡。总之，理查一世现在做起事来，俨然成了西西里王国国王。不管做什么，他都不和腓力二世商量，也从不搭理腓力二世时不时提出的抗议。腓力二世虽然气愤至极，但不知如何是好。

这时，坦克雷德慌了。他想知道，理查一世为了自己的妹妹琼，到底有什么要求。理查一世说，考虑后答复他。没过多久，他就把自己的要求和盘托出了：坦克雷德必须把属于琼的封地悉数归还，但这次领地的范围由他来定；坦克雷德还要送给琼一把金椅，一张长十二英尺①、宽一英尺半的金桌子，两副规格相同的金支架，四个银杯及四个银盘。他说，根据西西里王国的习俗，琼应该拥有这些东西。最后，他要求坦克雷德向十字军捐赠大批军需物资。据说，琼的丈夫威廉二世在世时，正赶上理查一世的父亲——亨利二世计划率十字军东征，就答应向十字军捐赠大批军需物资——至少理查一世说，威廉二世当时这么说过。下面这些就是威廉二世答应要捐赠的军需物资：六万芒特小麦；六万芒特大麦；一支舰队，共有战舰一千艘，同时为舰队供应两年的军需物资；一顶能够宴请二百个骑士的大帐。

这些数据说明，在那个时代，发动一场攻打圣地的远征，规模到底有多大！而上面列出来的

---

① 1英尺≈0.30米。——编者注

这些，只不过是支持远征的各国全部捐赠的冰山一角。

理查一世的父亲还没来得及东征就去世了。理查一世坚持认为，作为儿子，同时也是亨利家族的代表和继承人，他正在继续父亲的东征大业，如此一来，他有权继承父亲的遗产，所以就要求坦克雷德履行捐赠诺言。

经过多轮谈判，理查一世放弃了这些捐赠要求，提出了新的解决办法，争吵这才结束。理查一世有一个侄子叫亚瑟，年仅两岁，尚幼，由于理查一世没有子嗣，亚瑟是他的假定继承人。坦克雷德有一女，还是襁褓小儿。如果让这两个孩子订婚，坦克雷德就需向理查一世支付两万金币做女儿的嫁妆！当然，理查一世作为侄子的监护人，这笔钱将归他所有。他也保证，如果今后有什么事情阻碍了两人的婚事，会将这笔钱退回。此外，坦克雷德还需另外支付理查一世两万金币，将琼的赔偿款全部偿清。双方最终同意了这些条款。

理查一世还和坦克雷德结盟，这样做既给坦

克雷德施压也为自己谋利。理查一世答应协助坦克雷德对付他所有的敌人，保住他西西里王国国王的王位。这非常重要，因为坦克雷德最为主要的敌人就是神圣罗马帝国皇帝亨利六世，就是娶了康斯坦丝公主的那个王子，之前已有所提及。亨利六世称，先王威廉二世，也就是琼的丈夫，根据他的遗嘱，西西里应该是康斯坦丝公主的遗产。坦克雷德是篡位者。理查一世现在已经和坦克雷德结盟，所以就成了亨利六世的敌人。后来，他和亨利六世的关系十分紧张，我们会在之后的事件中进行讲解。

理查一世和坦克雷德很快起草了正式协议，并按时遵照执行。安全起见，协议被送到罗马教皇塞莱斯廷三世那里，让其代为保管。坦克雷德向理查一世支付了两万金币。理查一世拿到钱后，很快就开始肆意挥霍。他作为亚瑟的监护人，代为保管年幼的公主的嫁妆，他却像花自己的钱那样花光了那笔钱。实际上，国王们当时为了筹钱，这样的做法十分常见。如果这些国王有儿子或继承人，不管年龄有多小，他们都会让儿子或继承人与其他君主未成年的女儿订婚，只要自己能得到对方给女儿的嫁妆——城市、城堡、领地或是一大笔钱。当然，理论上，他们是作为年幼王子的监护人代为管理这些嫁妆，直到王子长大成人并结婚。但事实上，他们会把这些财产据为己有，立即为己所用。

理查一世年幼时就是以这样的方式与当时在位的法王之女、腓力二世的姐姐阿黛尔订婚的。他的父亲亨利二世获得并挪用了阿黛尔的嫁妆。

实际上，在这件事当中，坦克雷德支付的这些钱都以托管的形式给了理查一世，至少应该被认为是托管。这些钱一部分本该是亚瑟的，另一部分本该是琼的，因为理查一世以他自己的名义，是没有资格向坦克雷德索要任何东西的；但钱一落到他手里，他很快就挥霍光了。他过着非常奢侈的生活，买了昂贵的礼物送给自己军中的男爵、骑士和军官，也送给法军中的男爵、骑士和军官，甚至举行盛大的宴会招待他们。腓力二世觉得理查一世这样做一方面是为了笼络人心，另一方面是为了引诱法军中的骑士和贵族，促使他们不再对自己——

他们合法的君主效忠。圣诞节到了,理查一世举办了盛大的宴会,邀请英法两军所有的骑士参加。宴会结束时,他还给宾客们送钱。宾客的地位有高有低,收到的钱也有多有少。

这样一来,理查一世终于解决了矛盾,在西西里站稳了脚跟,开始为来年春天率军远征圣地做准备了。他下令认真检查、修缮战舰。有的战舰因为在马赛遭遇风暴或在海上遭遇意外而受损严重,有的战舰因为停泊在港口遭虫蛀而漏水。理查一世还令士兵们从恩特拿山运来原木,并制造了许多攻城锤。这些攻城锤在攻击圣地城市和要塞的城墙时将发挥作用。

在现代,进攻城墙常常会用到迫击炮和加农炮。大炮可以把极重的炮弹打到两三英里[①]远的地方。当炮弹短时间内以巨大的力量炸到要塞的城墙时,无论城墙有多么坚固、多么厚,都会被摧毁。不过,理查一世那个时代几乎没有热兵器,进

---

① 1英里≈1609.34米。——编者注

攻城墙主要还是靠攻城锤，攻城锤上有一根很重的木头，用绳子或铁链将其挂在一个大支架上，然后晃动木头，撞击想要攻破的城门或城墙。你可以在版画上看到当时的情景：将攻城锤挂在支架上，士兵们在下面推动它撞击城墙。

有时，攻城锤又粗又重，撞击城墙时，士兵们要借助绳索来回晃动它。据记载，有的攻城锤重达四五十吨，要想用它来撞击城墙，得一千五百人才行。当然，正如你在版画中看到的，操作攻城锤的士兵是完全暴露的，而敌人会在墙头往下射箭，抛掷长矛、标枪、石头和其他重物。

攻城锤撞击城墙非常有效，但它攻击人不行。因此，那个时代除了攻城锤以外，还有其他用来扔石头或射箭的军械，而这类军械就是用来攻击人的。它们有各种各样的名号，有的叫石弩，有的叫弩炮，有的叫弩车，不一而足。

有的军械用来抛石头，有的军械用来射箭。它们都离不开用上好的木材制成的承重框架。理查一世不指望在圣地找到上好的木材，他也不想在抵达

攻城锤

石弩

弩炮

圣地后浪费时间再去制造军械。因此，他利用冬天的时间制造了一大批军械，分解打包，装在战舰上。

在西西里的这个冬天，理查一世还举行了盛大的宗教仪式。他认为，这是为远征所要进行的准备工作之一。就算是一群武装海盗，当他们决定去烧杀掳掠时，在出发前也会举行隆重的宗教仪式。其实，宗教仪式有助于士兵们做好战斗的思想准备，坚定他们战斗的决心，鼓舞他们战斗的信心。亚历山大大帝如此，薛西斯大帝如此，大流士大帝如此，皮洛士国王如此，其实现在也如此，在所有的战争中，双方都宣称自己是奉上帝的旨意，在各自的教堂里吟唱赞美诗，而且无论哪一方获胜，都会装作对上帝充满感激。

理查一世召集军中所有高级神职人员，举行了盛大集会和庄严的礼拜仪式。其中一个环节是理查一世跪在神父们面前，忏悔他的罪行和不道德的私生活，然后激昂地许诺改过自新。神父们让他忏悔，他就忏悔。之后，理查一世获得了宽恕和赦免。庄严的宗教仪式结束了，与之前相比，出征圣地的士兵们觉得更无惧了，更有信心了。

很难确定理查一世的所作所为是虚伪还是发自内心的。人的内心就好比一座有好多房间的大厦。人的宗教情感在很大程度上是认真的、真诚的，尽管有时是虚无的、错误的，但还是以绝对优势占据着这座大厦的许多房间，而其他房间则充满诱人的、连绵不断的罪恶，无论是哪种罪恶，都深深地影响了人的行为。

第 9 章　*CHAPTER IX*

贝伦加丽娅（1190 年）

Berengaria（*1190*）

理查一世在西西里王国度过了一个难忘的冬天。在这里，他与纳瓦拉公主贝伦加丽娅有了新的婚约。这次婚约的情形有些特别。

读者们应该记得，理查小时候与法国未成年的公主阿黛尔有过婚约。他的父亲亨利二世为他订下了这貌似无足轻重的婚约，目的是化解与法王路易七世的矛盾。此外，他还想将这位年轻公主的嫁妆据为己有。阿黛尔的嫁妆包括各种城堡和庄园，这些很快就落到亨利二世手中。亨利二世只要活着，就会一直占有这些城堡和庄园，而且它们所产生的租金或税收也会一直供他挥霍。后来，理查到娶妻的年龄了，亨利二世却阻挠他与阿黛尔完婚。就这样，父子反目，矛盾尖锐，这些内容在前面已经讲过。很多人猜测，亨利二世可能已经爱上阿黛尔了，所以他下定决心不让理查娶她。理查非常愿意相信或者假装愿意相信这就是实情。他非常愤怒，他认为，既然父亲这样对待他，那么他发动针对父亲的战争和叛乱就是合情合理的。此外，很多人认为，理查根本就不想娶阿黛尔，他只是想找个理由，把他大逆不道的责任推到他父亲身上而已，这个理由恰恰就是父亲阻挠他和阿黛尔公主完婚的原因。

亨利二世驾崩后，虽然再也没有什么可以阻挡他娶阿黛尔了，但他仍然没有娶阿黛尔的意思。这时，阿黛尔的父亲路易七世也驾崩了。现在的法王腓力二世既是理查一世的盟友，也是阿黛尔的弟弟。腓力二世不时催理查一世完婚，但理查一世总是找各种理由一拖再拖。随着理查一世远征圣地，婚事就此搁置。

现在，理查一世之所以不愿娶阿黛尔，是因为在父亲阻挠阿黛尔嫁给他那些年，他认识并爱上了一位公主，她就是纳瓦拉的贝伦加丽娅。几年前，理查与贝伦加丽娅初相识。当时他的父亲尚在人世，他和母亲正在阿基坦。纳瓦拉举办了一场盛大的赛事，理查也来参加了，并第一次见到贝伦加丽娅。那是他和贝伦加丽娅第一次见面。虽然他们两家是旧相识，但在这场赛事举办前，理查从未见过她。不过，理查打小就跟贝伦加丽娅的一位兄弟很熟,而且他们的友谊非常深厚。贝伦加丽娅之父是纳瓦拉国王智者桑乔。智者桑乔是理查之母埃莉诺的老友。上面讲过,埃莉诺和丈夫亨利二世关系不睦、争吵不断。多年以来,智者桑乔对她帮助甚多。尽管如此,在贝伦加丽娅长大成人前,理查与她素未谋面。

据说,贝伦加丽娅才貌双全,所以理查很想见她。她擅音乐,长于赋诗,而理查一向酷爱这些艺术,尤其是游吟诗人的吟唱。在理查一世那个时代,只要举办宴会或赛事,就少不了游吟诗人的表演,这是娱乐活动非常重要的环节。

理查对贝伦加丽娅一见倾心。但他与阿黛尔已经有婚约在先,所以他不能娶贝伦加丽娅。如果他抛弃阿黛尔,与贝伦加丽娅订婚,那么他和他的母亲以及贝伦加丽娅的整个家族,将与法王以及自己的父亲爆发激烈的冲突,而法王正是阿黛尔的父亲。当时,他不过是一位王子,受到父亲的控制,所以承受不起可以预见的严重后果。因此,他虽然暗地里苦恋贝伦加丽娅,但不敢公开自己的念想。不过，他已经彻底没有了娶阿黛尔的念头。

最后，他的父亲亨利二世驾崩了，他登基成为英格兰国王。现在，他大权在握，能为自己的婚姻做主。这时，阿黛尔的父亲路易七世也驾崩了，现在的法王是他的弟弟腓力二世。父亲对女儿的婚事，当然比弟弟对姐姐的婚事更用心。而现在形势改变了，理查一世决定解除与阿黛尔的婚约，娶贝伦加丽娅为妻。当时，他正在英格兰为十字军东征做准备。大军快要开拔时，他请母亲埃莉诺去纳瓦拉，向纳瓦拉王国国王，也就是贝伦加丽娅的父亲智者桑乔提亲。然而，理查没有把实情告诉腓力二世，当时他和腓力二世已经结盟。他不想因这件事破坏他们的结盟，从而打乱十字军东征的准备工作。因此，在埃莉诺赴纳瓦拉代他求娶贝伦加丽娅期间，他在英格兰和诺曼底继续推进与腓力二世一起东征的准备工作，就好像与阿黛尔的婚约完好如初似的。

埃莉诺"不辱使命"，贝伦加丽娅的父亲智者桑乔对女儿与诺曼底公爵兼英格兰国王理查一世这对天作之合，非常满意。贝伦加丽娅也欣然同意。埃莉诺说，理查一世要率大军东征，所以不能亲自来迎娶新娘，但他会在墨西拿停留。于是，她提议护送贝伦加丽娅去墨西拿与理查一世会合。

贝伦加丽娅热情似火，气质浪漫，埃莉诺的提议正合她的意，她立刻就同意了。由埃莉诺护送女儿，智者桑乔自然乐意。就这样，两位女士与一群男爵、骑士以及侍从一起出发了。他们翻越比利牛斯山，穿过法兰西，越过阿尔卑斯山，进入意大利。后来，她们走陆路沿意大利海岸南下，而理查一世当初走的是水路。最后，她们到达意大利海滨城市布林迪西，布林迪西离墨西拿不远。她们在这里停留，派人给理查一世捎话，说她们已经到了。

埃莉诺认为，贝伦加丽娅和理查一世的婚事尚未公开，如果贝伦加丽娅直接前往，就不成体统了。事实上，理查一世和阿黛尔的婚约在名义上是有效的。他擅改婚约之事只要让腓力二世获悉，腓力二世定会发难。

埃莉诺说，她不能在意大利待了，必须尽快

返回诺曼底，等待理查一世完婚是不太可能了。与贝伦加丽娅分别之际，她嘱咐琼照顾好贝伦加丽娅。琼是她的女儿，所以由琼照顾贝伦加丽娅再好不过了。很快，琼就与贝伦加丽娅建立了深厚的感情，出则同游，入则同食，其乐融融。受到这样一个年轻、漂亮、高贵的女士做伴，琼真是开心极了。有这样一个善良的女士照顾，贝伦加丽娅更是欢喜极了。琼久居西西里，非常了解这里的风土人情。这里对贝伦加丽娅而言就是一个崭新的世界，她见所未见，闻所未闻，好奇地问这问那，而琼更是知无不言，言无不尽。

两位女士在意大利过着隐士般的生活。她们那么要好，甚至感动了当时的一位作家。他创作了一首专写她们的民谣，并把她们比作笼中的一对鸟。写到埃莉诺时，他用古雅的英语说：

> 埃莉诺有负理查之托，
> 琼王后搂着亲爱的贝伦加丽娅，
> 她们就像是笼中的一对白鸽。

贝伦加丽娅到达布林迪西时,春天到了。东征的舰队要起航了。虽然腓力二世对理查一世的新婚事仍然毫不知情,但理查一世知道,自己已经瞒不下去了,和盘托出的时候到了。虽然腓力二世已经预感到有什么地方不对劲,但仍然不明就里。他起了疑心,有了警觉,生了戒备,最后他们生了嫌隙,一场危机突然爆发。

　　事情好像是这样的:一次,在理查一世拜访西西里国王坦克雷德时,坦克雷德给他看了一封信,信是法王腓力二世写的。在信中,腓力二世——如果信当真是腓力二世写的——想努力激起坦克雷德对理查一世的敌意。根据上一章内容,我们知道,当时坦克雷德和理查一世刚刚达成协议。信中说,理查一世是个奸诈之人,不值得信赖,说他根本无意遵守协议,而是在谋划侵犯坦克雷德的王权。在信的最后,腓力二世提出,愿意帮助坦克雷德将理查一世赶出西西里岛。

　　理查一世看完信后气急败坏,就用最狠毒的语言谩骂起来。过了一会儿,他又看了看那封信。重

坦克雷德给理查一世看了一封信

读时,他开始认真思考信的内容。他表示,他不相信信是腓力二世写的。他认为,这封信是坦克雷德的计谋,想让他和自己的盟友腓力二世反目成仇。坦克雷德信誓旦旦地说,信就是腓力二世写的,而且信是腓力二世的宠臣勃艮第公爵送来的。

"你可以问问勃艮第公爵。"坦克雷德

说，"如果他否认，我将向他挑战，让他跟我的一位男爵决斗。"

当时，决斗的双方应具有同样的社会等级，所以，一国的君主如果和他国的贵族有争吵，就只能派出与自己具有同样社会等级的贵族代表他出战决斗。然而，为了维护君主的利益，提议派人冒生命危险去决斗，这对被派去的那个人是没任何好处的。因此，这种提议也向我们揭示了骑士时代令人费解的理念。

理查一世并没有去问勃艮第公爵事情的原委，而是找了一个合适的机会，把这封坦克雷德给他看的信拿给了腓力二世。两位国王平常见面时常常会发生争执，这次也不例外。理查一世指责腓力二世，而腓力二世说信是伪造的，不但否认信是自己所写，而且认为信是理查一世写的。

"你想尽各种办法找借口和我争吵，"腓力二世说，"这是你惯用的伎俩之一。我知道你目的何在，你想找某种借口解除和我姐姐的婚约。你曾庄严地发誓一定会娶她为妻。但在这一点上，你要明白，如果你抛弃我姐姐，娶了别人，只要你活着，我就是你最坚决的死敌。"

这番话激怒了理查一世。此事迅速激化为一场危机。理查一世向腓力二世申明，绝不会娶他的姐姐。

理查一世说："我父亲多年来一直把我和你姐姐阿黛尔分开，是因为他自己爱阿黛尔，而她也回应了他的爱。什么都不会在我和她之间发生。现在，我就向你证明我所言句句是真。"

于是，理查一世搬出所谓的证据来证明阿黛尔和他的父亲之间存在暧昧关系。关于这些证据是否确凿，其真实性无人知晓。然而，它们深深地刺伤了腓力二世。正如当时一位作家所说，理查一世的揭露"像一根钉子直扎腓力二世的心脏"。

过了一段时间，两位国王再次妥协、和解。于是，争端解决了。腓力二世同意不再追究理查一世悔婚，前提是理查一世要向腓力二世支付一定数目的补偿金,每年支付两千马克①,共支付五年。此外,阿黛尔童年与理查缔结婚约时,作为嫁妆送给理查一世父亲的城堡和庄园都要归还。协议达成后,理查一世可以娶任何人。

最终,双方签署协议,并且极其庄严地发誓。

理查一世似乎仍无意把贝伦加丽娅从她的住处接过来,因为如果这样,腓力二世马上就会知道他打算娶另一个女人的计划已经到了怎样的地步。于是,他决定等腓力二世启程东征后,再把与贝伦加丽娅结婚的消息公之于众。事实上,腓力二世的舰队和军备不及理查一世,所以一直打算早些出征。于是,理查一世就全力协助同盟者腓力二世,好让他快点儿出发,从而去迎接自己的新娘,举行婚礼。

理查一世原本可以不必隐瞒与贝伦加丽娅结婚的打算,因为根据双方签署的协议,他有选择自己新娘的自由。然而,腓力二世如果知道了这桩婚

---

① 当时的货币单位。——译者注

事，未必能欣然接受，或者对腓力二世而言，出席理查一世的婚礼也许会非常尴尬。因此，出于种种考虑，理查一世决定将婚礼推迟到腓力二世走后。

腓力二世在3月底出海远征。理查一世从自己的舰队里挑选了几艘极好的桨帆船及几名出色的骑士和男爵送给腓力二世。腓力二世离港时，理查一世一直陪着他，和他一起穿过墨西拿海峡。号角响起，旗帜飞扬。腓力二世的舰队刚一驶入大海，理查一世就乘上自己的桨帆船折返。不过，他并没有返回墨西拿，而是全速驶向意大利的一个港口，贝伦加丽娅和琼就住在那儿。她们翘首以盼。理查一世接她们二人登上了早就为她们准备好的、装饰考究的桨帆船，然后带她们回了墨西拿。

这时，理查一世本可以立即举行婚礼，但适逢斋月。按照当时的宗教理念，在斋戒期间，举办诸如婚礼这样的喜事是对禁食季的亵渎。况且理查一世将出征推迟到斋月结束也不好。他确实是该出发了，因为腓力二世已经率领法军出发了。在这种情况下，理查一世决定推迟婚期，等到达下一个目的地后再举行婚礼。

贝伦加丽娅对此表示同意。理查一世安排她随远征军一起出发。按照计划，下一个目的地是罗兹岛。在罗兹岛登陆后，他们就举行婚礼。

在当时的情况下，贝伦加丽娅和理查一世同乘一艘船有点儿欠妥。于是，理查一世专门为贝伦加丽娅准备了一艘结实而漂亮的船。琼陪贝伦加丽娅同乘一艘船。该船由勇敢而信仰坚定的骑士特纳姆的斯蒂芬负责，而两位公主也由他照料。

理查一世虽然没有举行婚礼，但在出征前办了一场盛大的仪式来庆祝他和贝伦加丽娅订婚。仪式进行过程中，一支由二十四名骑士组成的编队庄严地宣誓——抵达圣地时他们会爬上阿卡的城墙。阿卡是敌人最重要、防守最严密的要塞，也是他们进攻的首要目标。

离开墨西拿前，理查一世将一把古剑送给了坦克雷德作为告别礼物。他说，剑是他父亲在一座几百年前的古墓中发现的，古墓里埋葬着英格兰的一位著名的骑士。

第 10 章　*CHAPTER X*

塞浦路斯战役（1190年）

The Campaign in Cyprus (*1190*)

英格兰舰队离开西西里岛前往圣地的日子终于到了,其间,因为理查一世要举办婚礼,所以有所耽搁,此外因为要等从英格兰来的载有武器和粮草的补给船,所以又耽搁了少许时日。补给船终于来了,舰队起航的日子立刻定了下来。各部队拆了帐篷,弃了营地,陆续登船。

随着舰队起航的日子临近,因为能够一睹其壮观的景象,西西里人激动极了。港口里挤满各种形状、大小不一的船,只见有的人在登船,有的人在拆帐篷,有的人在打包家具和货物,人来人往,登船处人满为患,运输船在舰队和海岸之间快速行驶。这支大军登船的场景和事情吸引了西西里人的注意力,他们既激动又高兴。因为他们很快就会摆脱这些讨厌的、难以管理的"不速之客"了,所以更加兴奋了。

出发的日子终于到了,舰队的起航展现了前所未有的壮观景象。整个舰队共有近两百艘船,其中有十三艘大军舰,相当于当今的战列舰。另有五十多艘战船依靠桨或帆行驶:风好的时候,会用到帆；进港时遇到静水、从陆地上吹来的逆风，或者被洋流卷入危险之中，会用到桨。除了这些军舰和战船，另有大约一百艘运输船，用来运输给养、物资、帐篷及其配套用品、各种弹药、理查一世在西西里岛制造的军用器械的支架及一支大军所需的其他物品。此外，还有许多小船，有交通船，有驳船，还有其他类似用途的船，加起来大约有两百艘。为了更好地应对可能出现的危险及危险出现时更好地保护舰队，按照航行顺序，运输船跟在军舰和战船之后，而军舰和战船更适合作战，所以打头阵。

理查一世乘坐一艘豪华战船，行驶在舰队的最前面，能够满足"特殊用途"。船的名字是"海刀"，船尾部挂着一盏巨大的灯笼，这样一来，到了夜里，舰队的其他船都能看见它，并跟在它的后面。

犹记得舰队起航这天阳光明媚，岸上的西西里人站在每一个凸出的岬角，看见了气势磅礴的舰队驶离港口，其场面何其壮观。接下来的一段时间，航行顺利。但最后天气转阴了，风刮了起来，舰队还没找到避风的地方，飓风就来了。当时，没有指南针，遇到飓风，太阳和星星被遮住，船除了在雾中、雨中摸索着寻找附近的陆地，就无可奈何了。风大浪急，舰队很快就分散了，有的船向北驶向了地中海域的某些岛屿，有的船向东驶向了靠近亚细亚海岸的某些岛屿，其中最重要的三个岛是克里特岛、罗得岛和塞浦路斯岛。其中，塞浦路斯岛最靠东。

这些船差点在克里特岛海岸失事，但它们逃脱了危险，并继续在海上航行，最后大部分船驶入了罗得岛避难。其他船驶向了塞浦路斯岛。理查一世的船到了罗得岛，但不幸的是，贝伦加丽娅和琼的船没有进入罗得岛，而是与其他几艘船被飓风吹到了利马索尔港。利马索尔港是塞浦路斯的主要港口，位于岛的南部。王后和公主的船造得更好，水手的能力更强，所以成功绕过了岬角，驶入了港口。与之同行的其他几艘船却毁掉了，其中一艘特别重要，上面载着理查一世的掌玺大臣、其他高级骑士和十字军士兵及不少贵重物品。玺非常重要。每个国王都有自己的玺，盖了玺就意味着法令生效了。下面的版画就是理查一世之玺。

沉船的消息一传到岛上，人们就成群结队地来了，拿走一切被冲到岸上的有价值的物品，这些物品将归这个国家的国王所有。国王的名字是艾萨克·科穆宁。

他宣称，所有被冲到岸上的沉船都是自己的财产，这就是当地的法律。实际上，这也是当时许多国家的法律，尤其是那些拥有与通航水域相连的海岸线、易受风暴影响的国家。

因此，艾萨克国王依法获得了理查一世的沉船。在他的统治理念中，法定权利是正当的，所以他的所作所为有据可依。在我看来，财产权优先于法律，并且独立于法律，这再清楚不过了。我认为，法律不是创造财产，而是保护财产，如果不保护财产，它就会成为最严重的侵犯财产者。这里的法律规定，被冲到海岸上的沉船被没收，归国王所有，这是依靠法律对天赋的、不可剥夺的人权的最

理查一世之玺

触目惊心的侵犯。

至于王后和公主所乘之船，它没有失事，安全停泊在港口，所以艾萨克国王没有任何借口以任何方式进行刁难。他通过某种途径获悉琼王后在船上，所以派出两艘小船和一位使者，去询问她是否愿意上岸。

特纳姆的斯蒂芬是指挥琼王后所乘之船的骑士，他认为琼和贝伦加丽娅上岸不安全，因为她们会被艾萨克国王控制。虽然艾萨克国王和塞浦路斯人都是基督教徒，但他们信奉东正教，而理查一世和英格兰人信奉天主教。这两个教派就像基督教徒和土耳其人一样彼此敌对。

然而，特纳姆的斯蒂芬还是把艾萨克的口信告诉了琼，让她立即做出决断。她回复使者，说自己不想上岸。她说，她来这里的目的是想打听自己哥哥的消息，海上的一场飓风把他们分开了，舰队也被吹散了，不知道这里的海岸上有没有他或者他的船的踪迹。

使者说这里的人们什么都不知道，然后坐船

返回了。不久，船上的人们看到一些全副武装的战船驶了过来。他们吓了一跳，立即做好准备，一接到驶离港口的信号，就立刻起航。事实证明，艾萨克国王本人就在其中一艘战船上。这艘战船被允许靠近，以便和琼船上的人们交流。有问有答了一些平常问题后，国王发现一位尊贵的女士正与琼站在甲板上，就问她是谁。人们说，她是纳瓦拉公主，快要与理查一世结婚了。国王的反应让特纳姆的斯蒂芬看到了危险的苗头，他认为离开这里是明智之举。起锚后，他命令已经各就各位的桨手们划桨，于是，桨手们使劲划起桨来，船立即驶入了大海，塞浦路斯国王没有追赶。航行了一段时间后，船静静地停在海上，现在飓风几乎停止了，特纳姆的斯蒂芬决定在这里待一段时间，希望不久能获悉理查一世的下落。

特纳姆的斯蒂芬没有白等。理查一世的战船及舰队的大部分战船继续东行，进入罗得岛躲避，飓风一歇，就出发寻找离散的船舶。他拥有充足的力量，如果找到它们，就可以向它们提供帮助或者保护。最后，他到达了塞浦路斯海域，并且一进入海湾，就发现琼和贝伦加丽娅的船安全地停泊在海面上。海潮还没有退去，船在浪尖上起伏，颠簸得吓人。理查一世见状，勃然大怒，看到这艘船在港外的海面上停泊，他立刻就断定，琼和贝伦加丽娅一行人受到了塞浦路斯政府的为难，没法进入港内避险或者求助。因此，一靠近，身穿沉重的铁盔甲的他就跳上一艘小船，尽管这样做是困难的、危险的，但他还是立即固执地向琼和贝伦加丽娅的船驶去。

上了琼和贝伦加丽娅的船后，他问候了一下，接着特纳姆的斯蒂芬告诉他，当时，自己的舰队中有三艘船在海岸附近失事，塞浦路斯国王艾萨克便将其据为己有，并派人抢夺沉船上的财物。特纳姆的斯蒂芬还说，他原本是在港内泊船的，但塞浦路斯国王表现得不友好，所以他不敢留在港内，不得不驶出去。

理查一世听完，火冒三丈。他派使者上岸去见塞浦路斯国王，要求他立刻停止抢夺英格兰船舶的残骸，并且将已经据为己有的财物归还。针对这一要求，艾萨克说，根据本国法律，被大海抛上岸的一切物品都归他所有，他有权不经任何人允许就可以占有。

理查一世听到这个答复，非但没有生气，反倒高兴起来，因为这给了他无论到哪里都想要的、开战的借口。他说，艾萨克这样获得财物，让自己损失惨重，所以他立即准备开战。

毫无疑问，塞浦路斯国王虽然犯了真正的、不被原谅的侵犯财产权的罪过，但他确实有法可依。这种情况在世界各个时代不胜其数，一个人抢劫另外一个人，其实是得到法律批准并受到法律保护的。这（将沉船据为己有）是当时欧洲通用的法律，所有人都自认为不能违背它，理查一世也不例外，因为它也适用于英格兰及其他任何地方。根据英格兰古老的习惯法，各种沉船都归国王所有。在理查一世之前几代君主统治时期，随着一项法令的颁布，该规定不像以前那么严重了。该法令规定，如果有活物从沉船中跑出，哪怕是狗或猫，也不能充公，并且保留了人们的财产索赔权。新法令在英格兰一直有效,凡是被冲到海岸上的财物都归国王所有,直到最近,英国一位法官认定,该法令损害公平、有违常识,应予废除。现在,任何人只要证明自己是沉船的所有人,并且支付了因挽救沉船而产生的费用,沉船就会归还给他。

塞浦路斯国王搞清楚理查一世的真实想法后,知道不测即将来临,就命自己的舰队进入港湾,并命部队进入海岸上居高临下的阵地备战,以便挫败理查一世的登陆企图。很快,理查一世就率军发动了进攻。他的军队一进攻,塞浦路斯国王的军队就退。最后,仗没怎么打,艾萨克的军队就撤进城里了,理查一世则指挥舰队进入港口并登陆。艾萨克发现理查一世的兵力强大,就没怎么抵抗,而是退守城堡,接着打出休战旗,并请求谈判。

理查一世同意了他的请求,并谈了一次,但没有谈出什么结果。理查一世发现,艾萨克还没有完全屈服,他仍然坚持自己的权利,抱怨理查一世入侵自己的领地，无缘无故地与他开战，犯下了大错。但效果就像羔羊试图抵抗或指责狼一样，非但没有使入侵者变得理智，反倒更强烈地唤醒了他的残暴和愤怒。理查一世转向自己的随从，发出一声带有嘲讽意味的感叹，说艾萨克说话像个英格兰傻瓜。

历史学家指出，理查一世用英语说这句话应该引起注意，据说，这是他一生唯一一次说英语。读者们可能会觉得奇怪，一位英格兰国王平时竟然不说英语。但严格地讲，他不是英格兰人，而是诺曼人。无论从哪个方面看，他的王朝都是诺曼法兰西人的王朝。历代君主都认为诺曼底才是他们国家的核心。这里有他们的主要城市及美轮美奂的宫殿。他们在这里生活，也在这里统治，偶然会渡过英吉利海峡做短途旅行。他们认为，他们之于英格兰，就像现在（19世纪）的英国君主之于爱尔兰，也就是说，爱尔兰已经被征服，成为英国君主的个人财产和附庸，但在任何意义上都不是国家的核心，并且君主们也都瞧不起当地人。基于这些事实，英格兰国王理查一世不说英语也就不奇怪了。

谈判破裂了，双方都准备开战。艾萨克知道自己兵力不够，抵挡不了理查一世的入侵大军，只得从首都撤退，进入山间的一个堡垒。随后，理查一世轻松地占领了塞浦路斯王国的首都。他向将士们承诺，当进入这个城市时，他将挥舞着战斧，走在最前面，带领大家去收获战利品。

这把战斧是一件著名的兵器。离开英格兰前，理查一世便制成了它。因为尺寸和重量，它成了军中的奇迹。它的目标是砍穿当时骑士们和武士们常穿的铁盔甲，这种铁盔甲能够抗住一般的攻击。理查一世力大无穷，当初在英格兰准备远征装备时，他为自己造了这把异常巨大、沉重的战斧，并且向将士们展示了自己在使用重武器方面的能力。这把斧头，或者更恰当的说法是"锤头"，重二十磅。有个不可思议的故事讲述了理查一世用它击敌时，战斧所展示出的惊人的力量：人们说，当它落到那个骑着马、带着铁盔的骑士的头上时，它无坚不摧，骑士和马都倒在了地上。

对利马索尔的进攻是成功的。这里的居民几无抵抗，事实上，他们手无寸铁，根本无法抵抗十字军。他们几乎半裸着身体，而其兵器比木棍、石头好不了多少。结果，他们很快就被赶走了，理查一世占领了这个城市。

然后，理查一世立即向琼的战船发出了信号，在这段时间里，它一直停在港口入口处，等待着前进。现在，战船驶了过来，琼和公主登陆时受到了全军的热烈欢迎。她们立刻进城，住进了艾萨克最好的宫殿里。

不过，战争尚未结束。艾萨克退守到了岛内的尼科西亚。在这里，他派一位使者去见理查一世，建议再次谈判，以便恢复和平。理查一世同意了，谈判的地方定在了利马索尔附近的平原上。艾萨克国王在一定数量随从的陪同下来了，谈判随即开始。理查一世骑着一匹自己非常喜爱的西班牙战马，穿着华丽的衣服。在被自己轻易打败的艾萨克面前，理查一世昂首阔步，并且告诉他，只有满足了一些条件，和平才能恢复。

"我可以与你讲和,"理查一世说,"条件是从此以后你的王国要臣服于我,你要交出所有城堡和要塞,而你将视我为君主,向我称臣。你也要支付一笔黄金,作为抢劫我的船的赔偿。此外,我要你和我一起参加十字军东征。你必须带着不少于五百名的步兵、四百名的骑兵和一百名全副武装的骑士,随我去圣地。为了使你不折不扣地执行这些条件,你要把自己的女儿交给我做人质。到了圣地,如果你各方面做得都令我满意,那么回来的时候,我就把你的女儿和城堡还给你。"

艾萨克的女儿是一位倾国倾城的公主。她深受父亲喜爱,同时作为王位继承人,也受到国民的爱戴。

这些条件非常苛刻,但可怜的艾萨克国王无力拒绝理查一世提出的任何要求。他万分痛苦,假装同意这些条件,而他的真实想法是既不能也不会履行。理查一世怀疑他的诚意,便无视那些本应遵守的法律和战争惯例,囚禁了他,并命人严密看管他,直到他切实履行那些条件为止。而夜里,艾萨克设法逃走了，回到自己的军队里，准备开战，决心抵抗到底。

现在，理查一世决定采取必要措施，彻底征服该岛。他组织了一支强大的步兵大军，命令其向内陆挺进，粉碎一切抵抗。与此同时，他指挥着舰队，攻取了沿岸的所有城镇和要塞。他所到之处，船无论大小，悉数成了他的战利品，从而断了艾萨克乘船外逃的所有机会。艾萨克国王的兵力越来越少，他被从这里赶到那里，直到最后陷入重围，现在要么继续战斗，要么投降。他选择了前者，双方开战了，结果是意料之中的，理查一世大获全胜。首都利索马尔已经被他占领，国王和公主也成了他的俘虏。

公主被带到理查一世面前时，非常害怕，跪在他面前哭了起来。

"我尊贵的国王陛下，求您垂怜。"

理查一世伸手扶她起来，然后把她送到贝伦加丽娅那里。

"我把她交给你，"理查一世说，"作为你的侍从和伙伴。"

女儿被带走了,艾萨克国王的心都快碎了,他扑倒在理查一世的脚下,哀求他把孩子还给自己。理查一世没有同意这个要求,而是命人将他带走。不久,理查一世派船送他到叙利亚的的黎波里,将他关进城堡的地牢里。艾萨克国王成了囚犯,陷入了绝望。他被锁链锁着,但为了与其国王的地位匹配,遵照理查一世的命令,锁链是纯银的,上面还镀了金。在地牢里被关了三年后,这个不幸的国王去世了。

艾萨克一走,一切就变了,理查一世发现自己成了塞浦路斯无可争议的主人,所以他决定吞并该岛。

"现在,"理查一世自言自语道,"该是我结婚的时候了。"

于是,在为重新集结舰队做了必要安排后,在修复了飓风造成的损坏后,他开始筹备婚礼了。贝伦加丽娅对此没有异议。事实上,她在海上与理查一世分离时遭受的恐惧,以及飓风过后,她凝视地平线四周却看不到他的战船，担心他因迷路而陷入焦虑，都使她不想与他再次分开。

婚礼举行了，那么盛大、壮丽，宴会、表演、公众游行，以及各种庆典纷至沓来。此外，还有两场加冕礼，一场是理查一世的塞浦路斯国王加冕礼，一场是贝伦加丽娅的英格兰王后和塞浦路斯王后加冕礼。

理查一世在这些场合的穿戴被详细地记录了下来。他穿着一件玫瑰色的缎子上衣，系着一条宝石腰带。上衣外面是一件带条纹的银色披风，披风上面绣着银色的半月。他佩带着一把精美而昂贵的剑。剑刃是大马士革铁制的，剑柄是金制的，剑鞘是银制的，上面刻着各种花纹。他戴着一顶猩红色的帽子，上面绣着金色的动物图案。他手握权杖，权杖的工艺精良，装饰华丽。

他有一匹良马，那是一匹西班牙战马。无论去哪里，它都陪伴在理查一世左右。马镫、马鞍、马笼头都是金制的。马臀部的皮带装饰着两头金色的小狮子，它们挥舞着爪子，一副打斗的形态。在塞浦路斯，理查一世又得到了另外一匹马，这是他的战利品，后来成了他的至爱，它的名字是法福克，但根据一些古老的编年史记载，它的名字是法诺莱。在主人参加的各种战斗中，它因力量、勇气和机智而闻名。实际上，最后，它被载入了史册。

理查一世本人身材高大、匀称，外表风流倜傥。人们说，他穿着华丽的服装，留着黄色的鬈发，神采飞扬，活脱脱一个完美的军人，尽显男子汉的气概。

现有一幅贝伦加丽娅的画像存世，应该是她参加婚礼时的样子。她的前发分开，后发长而飘逸。她戴着面纱，面纱向两侧张开，看起来像西班牙壁炉。她头戴一顶装饰着黄金和宝石的、华丽的王后之冠，正好把面纱固定住。面纱上绣着一朵百合，花上有许多叶子，看起来就像两顶王后之冠，其寓意是她既是英格兰王后，也是塞浦路斯王后。

在塞浦路斯待了大约一个月后，当所有事情都让理查一世满意时，他开始考虑再次起航。

第 11 章　CHAPTER XI

向阿卡航行（1190年）

Voyage to Acre (1190)

十字军远征圣地的重要登陆点是阿卡,Acre又被写成Akka。它最初叫托勒密,这个名字在古代地图上经常出现。土耳其人叫它Akka,法兰西人叫它Acre。过了一段时间,它又有了一个名字——阿卡的圣约翰。St. Jean d'Acre来自中世纪时期在圣地建立的著名军事组织——圣约翰骑士团。

该骑士团的起源情况如下:大约在理查一世率领十字军东征之前一百年,一些来自那不勒斯、信仰虔诚的商人前往耶路撒冷。在这里,他们同情前来拜谒圣墓的朝圣者,这些朝圣者由于贫穷,旅费不足,因此缺衣少食,受尽艰辛。于是,这些商人修建并捐赠了一个修道院,要求修士们有义务接待、照顾一定数量的朝圣者。

这座修道院被命名为圣约翰修道院,这里的修士自称为医士①,其职责是迎接、款待朝圣者。因此,修士们有时作为医士,有时作为圣约翰兄弟会。

---

① 致力于医疗、救护服务的神职人员。——译者注

阿卡

其他不时来耶路撒冷的游客发现了这个修道院，了解到了它向朝圣者施惠的善行，非常认同它的宗旨，所以有的捐钱，有的捐物。五十多年过去了，它的规模变得更大了。最后，随着时间的推移，一个骑士团也随之产生。朝圣者在往返途中需要保护，以及在旅途结束时需要食物、住所和休息，于是，一个骑士团成立了。骑士团的骑士被称为医院骑士，有时也被称为圣约翰骑士。它继续发展，最终将地点转移到阿卡，这是一个交通更方便的地方，既可以为朝圣者提供援助，也可以打击萨拉森人，萨拉森人是朝圣者畏惧的大敌。从这时起，该机构就像曾经在耶路撒冷的圣约翰一样被称为"阿卡的圣约翰"。它的实力和影响力在当地变得如此显著，以至它所在的镇也被称为"阿卡的圣约翰"了，而它的法语名字"圣让·德阿卡"也沿用至今。

骑士团变得越来越强大了，许多来自欧洲国家的人们加入了。他们组建了政府，拥有要塞、城镇和其他领地。他们拥有一支舰队、一支军队和一个国库。换言之，他们有了政府和国家。

骑士团的人们分为三类。

一、骑士。他们是武装人员。他们打仗，保卫朝圣者，管理政府，并履行所有其他类似的职能。

二、随军神职人员。他们是神父和修士。他们主持各种礼拜，履行所有虔诚的职责。他们也是学者，只要需要，就会充当信仰的宣讲者。

三、服务人员。正如这个名字显示的那样，他们的职责是管理骑士团的建筑和场地，照顾病人，陪伴朝圣者，以及办理其他与职位相关的事宜。

阿卡城位于海边，防御严密。其城墙和壁垒又高又厚，无法被当时已知的任何攻击手段摧毁。它原本是圣约翰骑士团的领地，在理查一世到来之前，萨拉森人打败了十字军，夺取了这里。现在，十字军包围了这里，以期收复。这支军队的数千人驻扎在城外的平原上，可以望见大海。在更远的山里，有许多萨拉森人，他们正伺机进至平原，攻打基督教军队，而基督教军队则继续围攻阿卡，希望在山中的敌人到来之前将其攻克。当然，十字军将士盼着理查一世的到来，因为他会带来大批援军。

法王腓力二世已经到了，想在理查一世到达前占领阿卡，但他没有成功。他的数次进攻都被阿卡守军打退了，与此同时，山里的萨拉森人正包抄过来，他和他的十字军将士陷入了岌岌可危的境地。因此，腓力二世和将士们非常迫切地盼着理查一世的舰队到来。他们在平原的营地上眺望大海，日复一日地注视着，希望看到理查一世的舰队出现在远处的海面上。

理查一世确实正在赶来，只不过被一件令他得意的事情耽误了，他认为自己建立了赫赫战功。情况是这样的。

在离开塞浦路斯岛，前往大陆的航程中，他的舰队遇到一艘大船。一开始，理查一世和将士们想搞清楚它是一艘什么船。很快，一切就明白了，无论它是什么船，都是在逃跑。理查一世命令舰队追赶，不一会儿就发现大船上坐满萨拉森人。于是，他向将士们宣布，如果这艘船跑掉了，就把他们钉死在十字架上。

萨拉森人知道已经没有逃跑的可能，如果落入理查一世的手中，也不会得到同情，所以决定，把船弄沉，让自己和船一起沉入海底。于是，他们用斧头凿穿了船底，海水冲了进来。与此同时，理查一世的战舰包围了这艘船，一场激烈的战斗接踵而至，一时之间难分胜负。十字军将士非常愤怒，想在船沉没之前登船，而萨拉森人虽然明知无法战胜敌人，但仍然想阻止他们登船，直到船沉没。

一开始，萨拉森人使用希腊火，抵挡了十字军。希腊火是当时著名的武器，其性质和效果都很惊人。目前尚不清楚它是什么，也不知道它是如何制造的。它是一种极易燃烧的物质，燃烧后会烧死敌人。它的性质是这样的，一旦燃烧，什么也不能扑灭。除了它产生的热量和火焰外，它还能散发出大量有毒、令人窒息的气体，所有靠近它的人都会受到伤害。人们有时把它做成球状，有时用绳子将它固定在镖头或箭头，然后将它扔出去。无论它落到哪里，都会猛烈地燃烧起来，连水也不能扑灭它。据说在这场战斗中，萨拉森人的战船周围的大海似乎都着火了，理查一世袭击他们的战船时也引火上身，他的很多将士都战死了。

然而，理查一世的兵力优势太显著了，过了一段时间，萨拉森人就被制服了。这时，他们的船还没沉没。理查一世许多士兵拥上船，立即开始屠杀萨拉森人，或者迅速将他们扔下船，并占领了仓库，将里面的财物转移到自己的船上。他们堵塞漏洞，以便尽量延迟船沉没。他们抓紧把所有有价值的物品都转移到自己的船上，不停地杀死或淹死萨拉森人。在一千二百名或一千五百名萨拉森人中，只有大约三十五人幸免于难。

后来，当人们开始谴责这场恐怖的、不可原谅的屠杀时，理查一世为自己辩护说，他在那艘船上发现了一些装着有毒爬行动物的罐子，萨拉森人将把这些罐子带到阿卡，并在十字军营地附近放走那些动物，任它们咬士兵，所以这些恶毒的人是不值得同情的。理查一世只"救"了三十五个人，这似乎值得赞扬。但他救这些人不是因为怜悯，而是为了获得赎金。这三十五个人或者是埃米尔①，或者是萨拉森人的官员，或者是看起来很富有或者有很多富有朋友的人。他们上岸后，理查一世为他们每个人明码标价，并允许他们向朋友转达，如果愿意给钱并寄给他，他会让他们获得自由。后来，他们中的很大一部分人被赎走了，这让理查一世获得了一大笔钱。

理查一世的士兵们发现被俘的大船即将沉没时，就抛弃了它，把所有无法带走的东西都留在船上，到达安全的地方后，看着它沉没了。它周围的海面到处是死者和垂死者，以及大量物品——破烂的武器、沉船的碎片与希腊火燃烧后闪闪发光的残留物。

然后，舰队再次起航，继续向阿卡前进。

---

① 阿拉伯国家的贵族头衔。——译者注

第 12 章　　*CHAPTER XII*

到达阿卡（1190 年）

The Arrival at Acre _{*(1190)*}

理查一世率领舰队接近阿卡时,围攻阿卡的十字军已陷入非常危险的境地有一段时间了。这支军队由多年来从欧洲各地赶来的、从"异教徒"手中收复圣地的许多不同部队组成。有德意志人、法兰西人、诺曼人、意大利人及来自西班牙不同王国的人,这些人中有骑士、男爵、伯爵、主教、大主教、王子和其他各种各样的贵族。他们的身份、地位各不相同,所以既没有共同的纽带,也没有统一的指挥机构。他们说各种各样的语言,习惯于截然不同的作战模式。几个骑士团和不同部队彼此忌妒,相互敌对,争执不休。而与此同时,在英明、强大的萨拉森领袖萨拉丁的指挥下,敌人团结起来了。

十字军和萨拉森人还有一个很大的区别,这对萨拉森人非常有利。萨拉森人的目标只有一个,那就是为保卫国家而战斗。这样一来,无论哪支部队打了胜仗,其他部队都会欢欣鼓舞,因为这有助于它们向共同的目标迈进。而十字军的目标是在国内的朋友和邻居面前,乃至欧洲所有人面前获得荣誉。毫无疑问，他们渴望通过打败"异教徒"、收复圣地来获得荣誉，但这些是手段而不是目的。在他们看来，自己获得荣誉才是目标。结果，萨拉森人无论哪支部队打了胜仗，其他部队都会欢欣鼓舞，但在十字军中，如果某个骑士鹤立鸡群，令整个欧洲注目，那么其他人不是感到高兴，而是感到失望、恼火。他们忌妒成功者获得的荣誉。总之，十字军的某个部队打了胜仗，其余部队不是感到喜悦，而是感到它的名声更响了，自己的名声黯然失色了。

各骑士团之间及各部队指挥官之间明争暗斗，为了获得荣誉，更为了精良的武器、帐篷和华丽的旗帜、威武的战马，以及无论干什么都宏大的排场。在营地里，各部队指挥官为了圣地的统治权吵个不停，圣地是在从前的战役中收复的。他们在所占土地上建立公国和王国，将士们则获得各种头衔。这些土地时而被萨拉森人夺回，时而被萨拉森人放弃，但头衔之争在十字军中愈演愈烈，尤其是耶路撒冷国王的头衔，争夺得最激烈。耶路撒冷现在被萨拉森人控制着,所以国王的头衔有名无实,但十字军中仍然有二十个指挥官乐此不疲,他们实力雄厚,影响力强大,为了争取支持,不断与其他骑士和指挥官勾结。因此,十字军中争执不休,充满忌妒,持续不和。

理查到达之前,他们面临同样的危险,所以不得不暂时妥协,和衷共济。他们围攻阿卡已经两年了,但一无所获。无论如何猛攻,都无法攻克阿卡。阿卡城墙很厚,牢不可破,攻城锤无能为力,城内守军人数众多,装备精良,他们向靠近城墙的十字军士兵投掷飞镖、标枪、石块和其他武器,十字军伤亡惨重,而他们受到城墙的保护,相对安全。

在持续围攻阿卡的两年时间里,欧洲各地的部队纷至沓来。在那个时代,军事事务管理方面的制度与组织远不如现在,所以不可能确定多少人参战或阵亡。在阿卡围攻战中,估计至少十五万人丧生,一些历史学家甚至认为,有五十万人丧生。瘟疫在部队中横行,进一步增加了死亡数量,造成可怕的破坏。不过，有件事必须说一下，那就是指挥官们没有自己躲避而将那些可怜的、无助的追随者或普通士兵留在危险之中。对他们来说，冲锋陷阵、直面最危险的战场关乎荣誉。毋庸置疑，骑士和贵族因为身披重甲，比士兵们得到了更好的保护。他们从头到脚都被铁甲罩住，但实在太重了，只能骑马作战。事实上，在那个时代，一个身披重甲的骑士，无论在什么样的情况下跌落马下，若没有外部的帮助，自己是无法站起来的。

尽管受到重甲的保护，但骑士和指挥官们并非高枕无忧，他们与其他人一样面临危险。据估计，在阿卡围攻战期间，十八位或二十位大主教和主教、四十位伯爵与五百位以上的男爵或战死，或病死，或累死，他们的名字载入史册。他们牺牲生活的幸福和价值，短短几个月激战之后就丢了性命，这是否值得？这是一个非常严肃的问题。

理查一世的舰队一出现，整个营地沸腾了。鼓敲了起来，号角吹了起来，数不清的旗帜飘了起来，阅兵开始了。舰队靠岸了，理查和随从们登陆后，受到十字军指挥官们的隆重迎接，海滩上列队的士兵们的欢呼声一浪高过一浪，不绝于耳。

贝伦加丽娅从塞浦路斯过来了，虽然她已经嫁给了理查一世，但没有乘坐他的战舰，而是乘坐自己那艘由特纳姆的斯蒂芬负责的船。这艘船是专门为王后和公主准备的，与理查一世的战舰相比，里面的设施更适合女士们。严格地说，理查一世的船是一艘打头阵的战舰，里面的设施都与战斗有关，显然不适合他的新娘。

理查一世上岸后不久，贝伦加丽娅和琼也上岸了。理查一世与阿黛尔的婚约一解除就另娶新欢，这令腓力二世有些生气。不过，考虑到当务之急是与自己的盟友和睦相处，所以他强忍怒气，在贝伦加丽娅下船时亲自迎接，并帮助她上岸。

第 13 章　CHAPTER XIII

分　歧（1191年）

Difficulties (*1191*)

理查一世率军在阿卡登陆及在平原上安营扎寨后不久，他与腓力二世就产生了严重的分歧。其实，这是预料之中的。毫无疑问，一旦理查一世进入十字军的营地，就会摆出一副高高在上的姿态，粗暴、专断地凌驾于其他国王和诸侯之上，除非他们完全顺从，否则无法与他和睦相处。

因此，现实很快就摆在面前了。虽然腓力二世展现了与他和睦相处的诚意，但没过多久他便与腓力二世吵得不可开交。先是两军的骑士和男爵们，接着是普通的士兵们，他们支持着各自的君主。其中，最严重的分歧是理查一世宣称，根据古老的传统，他作为诺曼底公爵，有权统治法兰西王国，所以自己是腓力二世的君主。当然，腓力二世不以为然。于是，这个问题引起了无休止的争执和严重的不满。

很快，争执蔓延到整个十字军，不同的骑士团和士兵选边站队，有的支持理查一世，有的支持腓力二世。上文提到的医院骑士团，现在已经成为一支实力雄厚的部队，支持理查一世。实际上，理查一世力大无穷，敢作敢为，不计后果，所以很受骑士和男爵们的欢迎。每当他走出营帐，人们就蜂拥而至，整个营地神乎其神地传播着他的故事。因此，他获得了许多荣誉，而腓力二世的影响力减弱了，其地位也黯然失色了。当然，这令腓力二世怒不可遏。英格兰人散播谣言，说他忌妒理查一世，从而把双方争吵的责任全部推到他的身上，把敌意的产生归咎于他对一个更成功、更幸运的对手的忌妒。

总之，两位君主之间的分歧越来越严重，再也不能同仇敌忾了。

腓力二世计划进攻阿卡，并且很快就发动了猛攻。理查一世没有率军参战，其理由是自己有病在身。实际上，刚到阿卡，理查一世就病了。不过，他的病是否严重到无法配合腓力二世作战，或者这是他不想参战的借口，就不得而知了。总之，理查一世袖手旁观，腓力二世独自作战，结果法军败走城墙，损失惨重。理查一世窃喜，但腓力二世大发雷霆。

进攻阿卡

不久，理查一世决定单独率军进攻阿卡。腓力二世置身事外，拒绝提供援助。理查一世对此没有异议，事实上，他巴不得向全世界表明，腓力二世无法攻破阿卡，但他可以。

理查一世带来了在墨西拿制造的攻城锤，并进行了组装。他组建了攻城部队，并为攻城做准备。他为士兵们准备了爬梯和大量武器。当攻城的日子到来时，他率军开始进攻，他深信自己攻无不克，必定会在欧洲扬名立万。

但不幸的是，等待他的是失望。他的部队从城墙下被赶走，攻城锤要么被砸成了碎片，要么被火箭烧成了灰烬。士兵们死亡枕藉，取胜的希望变得渺茫。大军被迫撤退，士气低落。

腓力二世与理查一世坐在帐篷里，闷闷不乐地思考着攻城失败的原因，他不由得觉得，双方应冰释前嫌，同仇敌忾。其实，他们的处境已变得越来越危急。在阿卡被围攻的每一天，萨拉丁在山区的兵力都在增加，现在，他随时有可能席卷平原上的十字军。

因此，理查一世和腓力二世签订了协议，决定更好的合作，共同对敌，而不是争吵不休。

从此，十字军的营地里消停了很多，但理查一世和腓力二世之间，或者他们各自所在的阵营之间，并不存在真正的友谊。理查一世暗地里支付了更高的报酬，诱惑腓力二世的骑士和士兵转投自己的帐下，腓力二世发现后，就以其人之道还治其人之身。总之，不和之火表面上被遮住了，但实际上，仍像往常一样熊熊燃烧。

第 14 章　　*CHAPTER XIV*

阿卡陷落（1191年）

The Fall of Acre (*1191*)

虽然理查一世和腓力二世及其他盟军的进攻没能占领阿卡，但饥荒不仅削弱了居民和守军的实力，而且带来了不幸与痛苦，最终迫使其投降。当时，虽然居民和守军竭力坚持，希望渡过难关，但终于再也坚持不住了。他们盼着救援物资从开罗经水路运过来，但以失望告终了。一天又一天，一周又一周，他们盼着萨拉丁的实力足够强大，能从山上冲下来，突破平原上的十字军，救出他们，但也以失望告终了。十字军修建了最强大的防御工事，其规模如此庞大，其装备如此精良，所以萨拉丁知道，凭借自己的兵力，发动任何形式的进攻，都无济于事。

腓力二世和理查一世抵达阿卡时，围攻已经持续两年了。1191年早春，他们来到了这里。当然，他们的到来大大地增加了围城军队的兵力，很大程度上破灭了守军所剩无几的希望。尽管如此，守军也没有立即束手就擒，而是坚持抵抗了几个月，盼着救援物资从开罗运来。同时，守军继续抵挡十字军接二连三的猛攻。关于这些进攻，当时还流传着一些空想的奇怪故事。故事讲述了守军点燃了理查一世对着城墙支起的云梯的，当云梯被点燃时，理查一世像普通士兵一样灭火。最后，十字军发明了防火罩，盖在云梯上，起到了保护作用。防火罩是由生兽皮做的。当十字军发现连续的进攻不能摧毁城墙时，就采取了一个方案——偷偷地在城墙下挖掘，直到城墙倒塌。在这个故事中，挖城墙的工兵在作业时顶着一个小棚，小棚可以保护他们，他们用粗大的木头支撑着城墙，防止挖掘期间城墙倒下来砸到他们，而当城墙快倒的时候，他们会点燃木头，在木头烧光之前，他们便撤到安全距离以外。不过，这个方案没有成功，因为城墙太厚了，用来筑墙的石块紧贴在一起，结果没有像理查一世预想的那样变成废墟。当木头烧光时，城墙只是整体向挖掘的地方倾斜了一点，基本上完好如初，仍然可以起到防御的作用。

据说，理查一世和腓力二世发动围攻期间，通过城中一位神秘的朋友，他们获得了关于萨拉森人军事部署的大量情报，这位朋友设法通过各种渠道不断地向他们发送重要情报。这些情报有时与守军的作战行动有关；有时与守军采购物资或者获得其他援助的秘密计划有关；有时与城外山中的萨拉丁的行动和计划，尤其是与他打算进攻盟军的方案有关。送情报的方式多种多样，主要是用箭。箭经常会射到盟军营地的某处，仔细检查后会发现信缠在箭杆上。信是写给理查一世的，很快会被送到他的营帐。信的内容经常涉及被困军队的处境或者计划等非常重要的情报。如果守军打算突围，信中就会说明其突围的时间、地点及详细的安排，这样一来，理查一世就能有所防备。如果萨拉森人打算从城内发动进攻，信中就会详述整个计划，当然，这能让理查一世轻松地击败他们。写信的人称自己是基督徒，但不愿透露姓名，所以这个谜始终没有解开。整个故事很可能不是真实的。

总之，尽管盟军对城墙和壁垒的进攻没有一次成功，但围攻的整体进展还是对他们有利，因为他们把可怜的萨拉森人困在了城里。萨拉森人的最后一丝希望，是一些物资可以从海上运过来，但理查一世的舰队一直停泊在城外，对港口严防死守，所以什么都不可能送进城里。于是，最后一丝希望也破灭了。陷入重围的人们发现自己再也无法忍受这样可怕的痛苦时，他们向围城的军队亮出了休战旗，希望就投降条件进行谈判。

随后，双方开始了长时间的谈判，一方非常傲慢，另一方痛彻心扉、饱受羞辱。萨拉森人先提出了一些他们认为公平、体面的条件，腓力二世倾向于接受，但理查一世轻蔑地拒绝了。争执一番后，腓力二世不得不向这位专横、傲慢的盟友妥协，让理查一世按自己的方式行事。萨拉森人希望能够掌握守军的命运，但理查一世不同意。他告诉萨拉森人，他们必须无条件投降。在他看来，他不介意他们是现在投降，还是继续抵抗。总之，他很快就会攻占阿卡。如果守军在城陷后再出来，他就会把他们交给自己放肆又凶残的士兵，这些士兵会残忍地屠杀他们在城中找到的所有活口。他说，这就是守军的下场，并且他们很快就会得到这样的下场，除非他们选择投降。萨拉森人问他，关于守军,他有什么样的条件。理查一世说了自己的条件,萨拉森人请求给他们一点时间,因为他们要和萨拉丁商量一下。萨拉丁是他们的君主,没有他的同意,他们不能采取行动。

于是,谈判开始了,经过各种困难和拖延后,协议最终达成了。条款如下。

一、将阿卡城交给十字军,城中所有武器、弹药、粮草和各种财产将被征服者没收。

二、支付赎金后,城中的军民可以获得自由。

三、城中军民保命和获释的赎金按照下面的方式支付:

(一)基督被钉死的十字架在萨拉丁手中,萨拉丁应归还;

(二)萨拉丁需释放战争期间从十字军各部抓到的一千五百名基督教俘虏;

(三)萨拉丁需支付二十万枚金币。

为了条款的执行,理查一世要求大约五千名城中军民做人质,他们将被扣留四十天,期限一到,如果萨拉丁没有履行投降条件,他们将统统被处死。

萨拉丁也许是在巨大的压力下被迫接受了这些条件，因为阿卡城已经陷入如此可怕的境地，这使他不得不同意理查一世可能提出的任何条件，而不会充分考虑自己能不能真正地履行承诺。总之，这些就是他的承诺。协议一生效，阿卡的城门就会向征服者打开了，萨拉丁放弃了自己在山上的营地，并将军队撤往遥远的内陆地区。

尽管这一协议是以两位君主的名义签订和执行的，但理查一世几乎操纵了整场谈判，所以现在军队占领了阿卡，他认为自己是征服者。他和盛大的游行队伍一起进城，而腓力二世受尽了冷落。城中最豪华的宫殿成为理查一世的住所，他与贝伦加丽娅、琼一起住在这里，而腓力二世只能另觅住处。然而，两位君主的旗帜都从城墙上升起了，到目前为止，腓力二世与理查一世共享最高统治权的事实得到了承认。但理查一世不允许其他参加这次围攻的君主和诸侯染指最高统治权。其中一位是奥地利大公利奥波德，他把自己的旗帜在一个塔楼上升了起来，但被理查一世拉了下来，撕成碎片，踩在脚下。

当然，这种做法让利奥波德勃然大怒，他觉得理查一世贪得无厌，充满暴力，飞扬跋扈。对此，十字军中大多数其他实力较弱的诸侯也和他一样愤怒，只是他们无能为力。理查一世的实力比他们强大，他们只能屈从。

至于腓力二世，他早就发现自己的处境不如意了。理查一世傲慢、专横地对待他，他对此非常介意，但他既没有胆识，也没有魄力反抗。阿卡沦陷后，他的处境比以前更糟糕了。他们已经没有要对付的敌人了，只有立即出现一个敌人，理查一世才会有所收敛和顾忌。腓力二世心里很清楚，如果继续留在圣地作战，他只能是十字军中的"老二"或者处于从属地位，这与一位君主的权力和尊严完全不符。因此，他开始盘算如何才能体面地退出远征军，返回自己的国家。

十字军中长时间积累下来的矛盾越来越严重，在某种程度上，虽然围攻阿卡的亢奋掩盖了矛盾，但矛盾最终还是爆发了。矛盾在于谁应该获得耶路撒冷国王的头衔。此时，耶路撒冷仍被萨拉森人控制着，因此至少当前这个头衔有名无实。尽管如此，围绕"谁将拥有这个头衔"仍然发生了激烈的争论。这个头衔最初是由一个叫西比拉的女士传下来的。她是布伊隆的戈弗雷的后裔和王位继承人，布伊隆的戈弗雷是一位非常有名的十字军军人，后来成为耶路撒冷王国的第一位国王。他率领十字军从萨拉森人那里收复了耶路撒冷，从而当上了国王，这是十字军占领阿卡城一百年前的事了。在布伊隆的戈弗雷占领耶路撒冷后不久，骑士和将军们拥戴他成为耶路撒冷的国王。后来，他将王位传给了西比拉。

西比拉嫁给了一个叫吕西尼昂的居伊的著名骑士，他通过自己的妻子成了耶路撒冷的国王。只要西比拉还活着，十字军就一直认可他的王位，但西比拉一去世，许多人就坚持认为，王位应该传给她的妹妹伊莎贝拉。伊莎贝拉嫁给了一个叫休伦的汉弗莱的骑士，但他没有足够的力量与决心来维护自己的权利。事实上，他是出了名的软弱和胆小。一个叫蒙费拉的康拉德的骑士打算取而代之。他想方设法抢走了伊莎贝拉，并且迫使伊莎贝拉和丈夫离婚。最后，他娶了伊莎贝拉。现在，他宣称伊莎贝拉才是耶路撒冷的君主，而吕西尼昂的居伊坚持认为自己是国王。问题变得严重了，好战、野蛮的十字军将士们或者按照自己对继承权问题的看法，或者出于个人的喜好，选边站队。

现在，理查一世和腓力二世对此事的立场截然相反，就像他们面临其他问题时，立场也不一致一样。理查一世在塞浦路斯时，吕西尼昂的居伊曾来拜访他，承诺把所有土地送给他，然后片面地讲述了王位继承问题的来龙去脉。吕西尼昂的居伊的承诺和说法是为了争取理查一世的支持。理查一世同意支持他，当时还赠给了他一笔钱以解他的燃眉之急。这样一来，无论未来遇到什么困难，吕西尼昂的居伊都是理查一世的党羽和追随者。

当初，腓力二世到达阿卡时，理查一世还没到达，康拉德在这里的朋友和支持者立即把他的情况跟腓力二世说了，并且得到了腓力二世支持他的承诺。因此，在理查一世登陆阿卡前，耶路撒冷王位继承问题争吵的根源就埋下了。虽然在围攻阿卡时，争吵暂时搁置了，但当最终攻占了阿卡，争吵又开始了，整个十字军陷入了混乱。最后，双方虽然实现了某种妥协，或者至少是所谓的妥协，但实际上，凡是涉及核心利益的地方，理查一世都按照自己的方式来处理。这导致腓力二世与理查一世更加离心，腓力二世比从前任何时候更想放弃十字军远征大业，返回自己的国家。

因此，两位国王在阿卡相处了不久，腓力二世便说自己生病了，不能参战了，他打算回国。理查一世听到这个消息后，吼道：

"无耻！无耻之极！如果他在大业未竟之际离我们而去，那么他的整个王国都是无耻的。"

理查一世所说的大业是从萨拉森人手中夺回圣地。占领阿卡虽然是重要的一步，但毕竟它只是一个开始。现在，盟军准备深入内陆，与萨拉丁进行大战，并彻底击败他，从而收复耶路撒冷。因此，大业未竟，腓力二世却要放弃，理查一世不禁大怒。

理查一世对腓力二世回国的反应如此激烈，还有一个原因。

"他将趁我不在的时候，"理查一世说，"入侵我的领地，我回来时，就会发现一半领地都被他抢走了。"

因此，理查一世竭力劝腓力二世不要回国，但最终，他发现改变不了腓力二世的想法，就不劝了，同意了腓力二世的安排。"让他走！"他说，"如果他想走的话！可怜人！他说自己病了，我想他如果见不到巴黎，恐怕就活不下去了。"

然而，理查一世坚持认为，如果腓力二世要走，就应该留下自己的军队，至少留下大部分。最终，腓力二世同意留下一万人。这些人由腓力二世最杰出的一位贵族——勃艮第公爵率领，但勃艮第公爵要服从理查一世的命令。

理查一世还要求腓力二世庄严宣誓，他回

国后，无论如何都不能攻击或入侵自己的任何属地，也不能对他的附属国和盟国发动战争。直至理查一世结束东征回国后第四十天，其间，这个誓言一直有效，并对腓力二世形成了约束。

一切安排妥当了，腓力二世开始准备乘船回国。骑士们、男爵们乃至整个军队，都认为腓力二世的离去是对十字军事业的背叛。当腓力二世登船时，他们纷纷赶了过来，小声嘀咕着表达自己的不满。

萨拉丁履行投降条件的期限是四十天，腓力二世走后，期限很快就要到了。萨拉丁发现自己无法履约。随着限期的临近，他找了各种借口，不停地道歉，还送给理查一世许多价值连城的礼物，希望讨好理查一世，以便自己违约时，理查一世不会进行极端的报复——屠杀五千名人质。

期限终于到了，但萨拉丁没有履约。理查一世甚至一天都不等，就决定杀死人质。一个谣言流传开来，说萨拉丁已经杀死了所有基督教战俘，其目的是激怒十字军将士，使他们变得凶残起来，从而执行屠杀人质的任务。对士兵们而言，残酷地屠杀五千名手无寸铁、无力反抗的人质，是一项艰巨的任务。完成杀人这种任务，需要使刽子手们变得狂热。毋庸置疑，萨拉丁杀害基督教战俘的谣言使十字军将士们勃然大怒，他们聚集在一起，要求把萨拉森人质交给他们，以便他们可以报仇。

于是，在指定的时间，理查一世下令将人质带到军营外面的平地上。一些有地位、有身份的人质没有被带出来，因为他们在国内的有钱朋友也许会出钱赎回他们。其他人质被分成了两部分，一部分由勃艮第公爵管理，另一部分由理查一世管理。这些不幸的人质后面跟着狂热的十字军士兵们——他们就要做刽子手了。他们挥着剑，威胁着，诅咒着，因即将到来的屠杀而变得亢奋，享受着其中的乐趣。

大屠杀极其残暴。在人质都被处决后，基督徒们剖开他们的尸体，寻找珠宝和其他值钱的东西，他们认为可怜的人质为了不让自己的财物落入敌手，就把它们吞了下去。

理查一世不以此事为耻，反以此事为荣。他认为，这很好地证明了自己对基督的虔诚。当时的作家们对此赞不绝口。他们坚持认为，萨拉森人是上帝的敌人，杀死萨拉森人是在为上帝服务。有一位历史学家说，当时来自天堂的天使出现在了理查一世面前，督促他将大屠杀进行到底。在大屠杀进行时，天使向他大喊道："杀！杀！不要放过他们！"

今天的我们一定很吃惊，那时人们的心灵为何如此扭曲，竟然认为自己的所作所为是在支持谦恭、温和的耶稣的事业，并且得到了上帝的批准，而上帝会感到满意。实际上，耶稣最大的意愿是让人们平静、和睦地生活在一起。

第15章　*CHAPTER XV*

十字军继续进军（1191年）

Progress of the Crusade (*1191*)

开始向内陆进军之前，理查一世首先要安排好阿卡的事务，使阿卡具备强大的防御能力，以防他不在的时候遭到袭击。城墙的许多部分当初要么被理查一世的工兵毁坏了，要么因攻城锤和其他器械的进攻而受损，现在都得到了修复。在现代，如果用火炮攻城，城墙和城内会被炸得惨不忍睹。炮弹是一种空心铁球，它的直径有时超过一英尺，外壳厚两三英寸，中间装满火药。迫击炮从几英里外将炮弹射向城镇的上空，炮弹会落在城中的街道上或者房屋之间。下一页的版画呈现了迫击炮的形状及发炮的方式，尽管这里的炮弹不是射向城镇，而是从城墙下的阵地上射向围城军队的营地和堑壕。

当然，这些炮弹如果落在屋顶，就会炸毁屋顶，如果落在街道上，就会钻入地下，接着发出震耳欲聋的爆炸声。在攻城战中遭到轰炸的城镇有时几乎会成为废墟。通常，炮弹爆炸后，建筑物会着火，大火造成的可怕影响让现场变得更加恐怖。不过，古代的攻城战中没有这种可怕的武器。攻城锤只能用来进攻城墙和城外的一些塔楼，无法进攻别

炮击

的地方，并且破坏力相对较小。标枪、弓箭和其他一些轻型投射物——即使用器械射它们，它们偶尔翻过城墙，落入城中，也不会严重损坏建筑物。最糟糕的情况是，它们可能射伤或者射死了街上某个碰巧经过的行人。

因此，在修复阿卡的防御工事，其实就是修复外墙，其他地方不必修复。理查一世派了一些工人来做这些事情，不久，一切恢复如初了。城中要举办一些仪式，来净化萨拉森人占领期间的玷污。尤其是所有基督教堂、修道院和其他宗教场所，都要使它们从遭受的亵渎中恢复过来，重新为基督服务。

随着修城工作的进行和宗教仪式的举办，士兵们纵情享乐。在阿卡城中，许多酒被发现了，并被分给了各部队，在街上，无论白天，还是黑夜，士兵们饮酒狂欢。指挥官们——骑士们和男爵们，以及军中其他有地位的人，无不饮酒。这里既安全，又可以享受，所以他们不愿离开的时刻到来，再次踏上战场，去追击萨拉丁。

然而，大军开拔的时刻还是到来了。理查一世派出的侦察兵和间谍传回情报说，萨拉丁的军队正在向南、向西移动，实际上是向耶路撒冷撤退，耶路撒冷是他必须坚守的要地。耶路撒冷确实是必争之地，十字军入侵巴勒斯坦的主要目标，就是夺回埋葬基督的墓地，而它就在耶路撒冷。收复圣墓是他们的口号。无论是关注东征的人们，还是十字军，每次都将胜利与实现最终目标视为一体。

理查一世留下足够多的部队守卫阿卡。在对剩余部队进行摸底时，他发现，自己可以率领三万人去追击萨拉丁。他将之分成五个师，每个师都由一位称职的将军指挥。在这次进军中，有两个骑士团非常著名，它们是圣殿骑士团和圣约翰骑士团，后者又称医院骑士团，该组织我们在上文已经讲过。圣殿骑士团做前锋，医院骑士团紧随其后。8月22日，大军出发，这时距离阿卡投降已经过去了两个月。

一开始，大军沿海岸南下去雅法，雅法差不多位于耶路撒冷的对面。他们认为，在深入内陆时，有必要先占领雅法，此外，应沿着海岸走，这样载着军需物资的船舶就可以与他们同行，并且根据他们的需要不时提供充足的补给。通过这条路线，他们虽然不能直趋耶路撒冷，但可以迂回逼近它。

与大军开拔有关的安排是在盛大的仪式和阅兵中进行的。骑士们穿着造价昂贵的盔甲，骑着精心装饰、披着马衣的战马。在很多情况下，战马都像骑兵一样受到盔甲的保护。队列的前面是号手，他们的吹奏从山间、海岸的悬崖上传来了数不清回声。他们的音乐充满活力，鼓舞士气。无数装饰华丽的旗帜在空中飘扬。到了晚上，当大军停止前进时，传令官在号角声中穿过各个营地。他在各个营地前停下脚步，发出信号，接着营地中所有士兵都跪在地上，当传令官三次大声宣布"上帝保佑圣墓"，士兵们齐声说"阿门"。

大军于8月22日开拔，从阿卡到雅法大约六十英里。当然，三万人的大军，前进速度肯定十分缓慢。早上拔营，晚上重新扎营，中午，如此庞大的军队要休息、吃饭,这些都会花很多时间,士兵们还要背负武器、弹药及必要的食品和衣物,当然赶不了多少路。在这种情况下,大军还会受到萨拉丁的袭扰。萨拉丁徘徊在十字军的侧面,一路都跟着他们。他从山上派出小部队攻击、截杀掉队的士兵,在旷野中威胁十字军,搞得他们惶惶不可终日。十字军必须随时做好准备迎战敌人,因为无法预料敌人何时会出现。于是,他们的行动受到很大的限制。他们做了许多防备,当然,这一切又加剧了士兵们的疲劳,大大减缓了行军的速度。

理查一世非常希望决战,他相信如果势均力敌,他一定能取胜。然而,萨拉丁没有给他这样的机会。萨拉丁将主力隐藏在群山里,和海岸线平行着缓慢前进,这样一来,他就可以监视、袭扰十字军,不必与他们决战。

这样的状态大约持续了三个星期,最后理查一世抵达了雅法。两军在雅法附近周旋了一段时间,最终都把兵力集中在海岸附近平原上的一个叫亚锁都的地方,亚锁都距离雅法数英里。这时,萨拉丁的兵力已经强大到可以一战的地步。因此，他发动了进攻。他首先攻打的是理查一世的军队，其中有勃艮第公爵指挥的法军。他们顽强抵抗，成功击退了萨拉丁的军队。理查一世作壁上观，有一段时间没有参战，只是不时假装上前，威胁敌人，迫使敌人不断调整，从而疲惫不堪。理查一世的士兵们，尤其是军中的骑士和男爵，都因他在战斗中迟迟不肯采取积极、有效的行动而感到很不耐烦。不过，最后，当他发现萨拉森人已经体力不支，陷入混乱时，他发出了冲锋的信号，并骑着那匹有名的战马，在空中挥舞着那把沉重的战斧，身先士卒。

战斗变得激烈。理查一世骁勇善战，击杀一切挡路的敌人，这鼓舞了整个大军的士气。敌人投来的飞镖和标枪从他身上掠过，都被他所穿的铁甲震到一边去了，而凡是靠近他的敌人，无论使用什么武器，都被他沉重的斧子一击倒地。理查一世做了榜样，士兵们纷纷效仿，没过多久，萨拉森人就落了下风。在这样的战斗中，落下风的一方一旦开始撤退，就会兵败如山倒，而追兵穷追不舍，他们毫不留情地肆意屠杀，毫不心慈手软，但自己被杀的危险却很小。因此，一名士兵追敌时可以很好地投入战斗，但被追时却如丧家之犬了。

很快，萨拉丁的大军四散而逃，十字军乘乱击敌，无情地砍杀了许多敌人。屠杀的规模很大，大约有七千名萨拉森人被杀，其中包括萨拉丁麾下三十二名级别最高、最优秀的将领。当十字军不再追击时，萨拉森人摆脱了危险，开始集结起来，萨拉丁重整旗鼓后，正式向内陆撤退。不过，他首先派出分遣队摧毁城镇，捣毁存粮，夺取并带走所有对征服者有用、有价值的东西。就这样，理查一世前往耶路撒冷的必经之地，被萨拉森人夷为平地。萨拉森人逃往内陆，萨拉丁重整溃逃的军队，制订新的计划，继续抵抗入侵者。

理查一世率军返回雅法，接着占领了它，并在这里站稳了脚跟。

现在是9月了。每年的这个月既十分炎热，又不利于健康。虽然联军取得了迄今为止最大的胜利，但营地里疾病肆虐，同时士兵们辛苦作战，忍受着炎热，苦不堪言。尽管如此，理查一世仍然想再上战场，深入内陆，继续在亚锁都打败萨拉丁。不过，他的军官们，尤其是勃艮第公爵麾下的法军军官，都认为这么快出击是不安全的。"最好在雅法短暂休整，"他们说，"招募军队，为更有把握、更高效的进军做好准备。"

"此外，"他们说，"我们需要把雅法作为军事据点，在我们还没有建好防御工事，使其很好地发挥作用之前，最好还是待在这里。"

但这只是借口。军官们真正想要的是短暂休整一下。他们发现，在城里安逸、放纵地生活，比顶着烈日穿越如此干旱的土地、负重前行要好得多，何况他们一直焦虑，不得不保持警惕，以防敌人突袭。

理查一世顺从了军官们的意愿，决定在雅法停留一段时间。但军官们并没有全力以赴修建防御工事，而是消极怠工。他们和自己的手下整日无所事事，放纵自己。与此同时，萨拉丁重新集结了大军，并且在内陆地区招兵买马。他准备迎接一场空前的激战。亚锁都战役结束后,理查一世因继续留在雅法而受到强烈谴责。讲述理查一世的战役时,历史学家们说,他应该赶在萨拉丁再次集结大军进行抵抗之前,尽快向耶路撒冷进军。但那些不在战斗现场的人及那些通过道听途说获得部分事实的人,不可能对这个问题做出任何可靠的判断。总之,一场战斗刚结束时,统帅继续进军,到底是谨慎,还是鲁莽,只有当事人及知情人才知道。

在雅法逗留的日子里,理查一世经常会带着一些喜欢陪他冒险的人去远足。他也经常派出小分队。这些小分队有时去收集粮草,有时是去侦察,以便确定萨拉丁的位置和计划。理查一世非常喜欢这样的远足,他们也没有遇到任何大的危险。如今,外出侦察其实是一项非常危险的工作,如果他们不穿盔甲,就随时有可能被隐藏在一英里外的敌人开枪打中。但在那些日子里,情况就很不一样了。当时没有射程几码的子弹,骑士们所穿的沉重的盔甲,足以起到保护作用。唯一要担心的危险情况是侦察队不小心遭到敌人的精兵伏击，陷入重围。但理查一世既对马的力量又对自己的力量充满信心，他几乎无所畏惧。因此，他随心所欲地带着一些随从四处走动，他认为这样的远足只不过就是令人激动的晨骑罢了。

当然，经过多次这样的远足并且平安回来后，他们渐渐没有了戒心，面临的危险变得越来越大了。理查一世和他的部下都是如此，好几次都陷入险境。实际上，理查一世有一两次险些被俘。有一次，他的一名骑士——威廉爵士舍身救了他。那次，理查一世和他的部队突然遇到了一大群萨拉森人，几乎被包围了。一时间无法确定他们能否成功撤退。在战斗过程中，威廉爵士大喊自己是国王，这分散了萨拉森人的注意力，迷惑了他们，分散了他们的攻击力和兵力，理查一世这才成功逃跑。然而，威廉爵士则被俘，并被带到了萨拉丁那里，但理查一世如数支付了萨拉丁索要的赎金，他很快被放了回来。

还有一次，城中突然传来消息，圣殿骑士团遇袭，几乎被萨拉森人包围，除非他们立即得到增援，否则就会全军覆没。理查一世立即穿戴盔甲，同时他命令一位伯爵立即上马，带上已准备就绪的骑兵去救圣殿骑士，还说等他穿好盔甲，就会有更多的人赶上。中世纪，骑士参战前穿戴盔甲的时间，堪比今天一位女士参加舞会前着装打扮的时间。组成盔甲的部分都很重，并且结构复杂，要用连接件把每个部分连接起来，所以需要别人的大力帮助。当理查一世正在穿戴盔甲的时候，又有人来报说圣殿骑士团的处境危急。

"我必须走了，"理查一世说，"我曾经承诺，任何人陷入危险，我都会伸出援手，如果现在我抛弃他们，我将配不上'国王'的称号。"

于是，他跳上马，只身出发了。一到现场，他立即投入最激烈的战斗。他英勇杀敌，手舞战斧，重创萨拉森人，萨拉森人开始后退。圣殿骑士及之前随伯爵先到的分队得救了，他们安全地返回城中，战场上只留下理查一世到达之前已经战死的士兵们。

古老的史书中记载了许多这样的冒险事件，它们成为大量诗歌和民谣的主题。这些诗歌和民谣是当时的游吟诗人为了纪念十字军的英勇事迹而创作和演唱的。

整个9月，军队一直待在雅法。其间，理查一世和萨拉丁开始谈判，希望在可能的情况下就某些和平条款达成一致。在这些谈判中，萨拉丁的目标是拖延时间，因为拖得越久，理查一世在雅法待的时间就越久，他的实力就变得越强大，从而更有可能抵抗理查一世进军耶路撒冷。虽然理查一世同意谈判，但他不知道能否让萨拉丁同意把耶路撒冷归还给基督教徒，这样战争就结束了。

在这些谈判中，萨拉丁命自己的弟弟萨法丁担任谈判使者。于是，他获得了安全通行权，可以带着方案在雅法和萨拉丁的营地来回穿梭。萨法丁是一个有礼貌、有绅士风度的人，也是一个非常勇敢的军人，理查一世和他建立了深厚的友谊。

在谈判过程中，他们提出了许多不同的方案，但所有方案几乎都面临着不可克服的反对意见。一次，不是当时就是后来，理查一世再次回到海岸，制订了一个计划，即联姻。在那个时代，争端和战争经常通过联姻来解决。该计划的目标是消除萨拉丁和理查一世之间的敌意，使他们成为朋友或盟友。为了结束战争，理查一世准备把自己的妹妹琼、西西里王国的前王后，嫁给萨法丁；而萨拉丁应该把耶路撒冷让给理查一世。琼本人不同意将自己作为和谈的筹码嫁给一位阿拉伯君主，而萨拉丁认为，与联姻相比，让出耶路撒冷的代价更大，所以该计划像其他所有计划一样失败了，最终谈判彻底破裂，理查一世又要开始准备上战场了。

第 16 章   CHAPTER XVI

战局逆转（1191年）

Reverses (1191)

此时，十字军中已经爆发了非常严重的纠纷和争端。许多指挥官互不服从，长期存在的仇恨和争吵再次爆发，并且比以往任何时候更加激烈。对于现在该选择怎样的行军路线，也出现了很多不同的意见。然而，理查一世还是想维护自己的权威，最终他决定离开雅法，开始进军。

现在是11月，秋雨连绵。到耶路撒冷大约只有三十二英里。大军进至离雅法大约十五英里的拉穆拉，但这个季节的天气极端恶劣，他们既辛劳又痛苦。士兵们全身都被大雨淋湿了。他们的补给因被雨水浸透而发霉，盔甲也生锈了，大部分都已经不能用了。到了晚上，他们打算在拉穆拉扎营，但大风把帐篷扯了起来，吹走了，他们无处安身。

毫无疑问，这些困难增加了军队的不满，士兵们失去了耐心，脾气变得暴躁，争吵变得比以前更加激烈。然而，大军继续向伯大尼前进，他们希望到达那里时，能够集中足够强大的力量，从而进攻耶路撒冷。然而，理查一世最终不得不放弃这种希望。大雨和野外生存使疾病在营地里肆虐，大批将士死亡。军队带来的物资被雨水泡坏了，而萨拉丁使十字军所经之地变成焦土，十字军无法补充粮草，结果饥荒暴发了，死亡的人数更多了。此外，士兵们痛苦不堪，看不到希望，纷纷逃跑。理查一世最终意识到，除了再次返回到海岸，已经没有其他选择。

然而，理查一世没有返回雅法，而是去了阿斯卡隆。阿斯卡隆是一个比雅法实力更强的城市。萨拉丁在离开海岸前，虽然摧毁了它，但至少它的实力曾经更强，防御工事分布得更广。正如可以从地图上看到的那样，阿斯卡隆位于巴勒斯坦南部，靠近埃及，作为埃及和圣地之间的贸易转口港，它一直是战略要地。理查一世开始认为，他有必要在沿海的一些要塞长期驻扎军队，等欧洲的增援部队到达，再向耶路撒冷进军。因此，他认为占领阿斯卡隆很重要，这样一来——阿卡和雅法就都有强大的驻军了——整个海岸都将在他的控制之下。

因此，从耶路撒冷撤退后，他就率领大部分军队前往阿斯卡隆，立刻开始修复城墙、重建塔楼，他不知道萨拉丁会在什么时候前来袭击。

实际上，理查一世的军队从伯大尼撤退后，萨拉丁就率军跟着他们，一路上都离得很近。他们能否成功撤退到阿斯卡隆，一度令人怀疑。大量萨拉森骑兵徘徊在理查一世军队的后方，不断对他们发起小规模的攻击。理查一世命战斗力强大的圣约翰骑士团抵挡萨拉森人。圣约翰骑士们全副武装，无一不是勇敢、训练有素的军人。每次接敌，他们都会击退敌人。尽管如此，仍有许多骑士阵亡，掉队的骑士时常被截杀。整个行军过程中，因为遭到持续不断的攻击，军队上下一直高度紧张、提心吊胆。最后，等靠近海岸，转向南方前往阿斯卡隆时，他们才安全一点，因为大海在一侧保护着他们。不过，萨拉森人跟着他们转了方向，徘徊在他们的左侧，也就是朝向陆地的一侧，一路上骚扰他们。面对敌人的纠缠，圣约翰骑士团的行军更加困难了，将士们疲惫不堪，行军的速度不得不慢下来。到了晚上，他们只能停在一些地势险要、易守难攻的地方，以防萨拉森人夜袭。在夜里，尽管他们采取所有可用的预防措施来确保营地的安全，但士兵们还是不时被警报惊醒，冲出帐篷，抓起武器，准备战斗，然后过了一会儿，他们就意识到，他们以为的攻击只是一小股敌人骚扰他们的佯攻。

乍一看，这样的战斗会让追击者和被追击者一样疲惫不堪，但事实并非如此。例如，夜里，警报只要响起，十字军所有将士都会惊醒，接着保持一小时警觉的状态，甚至更久，直到真相大白，而骚扰十字军的只是萨拉森人的小股部队，其主力像往常一样睡觉，一夜都不会受到打扰。

最后，理查一世安全到达了阿斯卡隆，然后进城据守，而萨拉丁也在距理查一世的军队比较安全的位置扎营。当然，如前所述，理查一世发现，自己要做的第一件事，是修复和加固城墙，显然，完成这项工作已经迫在眉睫。

然而，不幸的是，理查一世的将士们的秉性不利于提高工作效率。所有骑士及不少普通士兵都认为自己是绅士，他们怀着一种高贵的、传奇式的骑士精神和宗教观念，自愿参加了十字军东征。他们做好了充分准备，随时和萨拉森人作战。在对抗中，杀死敌人或者被敌人杀死，这都是战争赋予他们的宿命；但挑担子、拌灰浆、砌墙是一些远低于他们军人职业的工作。引导他们做这些工作的唯一方法，似乎就是骑士们、军官们做表率。

因此，从前为了修复阿卡的城墙，以理查一世为首的军队所有高级军官率先垂范，像泥瓦匠那样修起了城墙、塔楼。当然，士兵们也没有理由再拒绝这些工作了，既然国王都不觉得做这样的工作会贬低自己的身份，整个军队也就怀着极大的热情干了起来。

但这样的热情通常都不会持久。士兵们在阿卡出色地完成了这些工作，现在又要做，所以他们的热情多少会减退。此外，在某种程度上，他们既因进军内陆无果而沮丧，又因行军过程中经历的辛苦而疲惫不堪。尽管如此，理查一世还是首先带头，骑士们、贵族们纷纷效仿，修筑起了城墙，以此来鼓励士兵们。然而，有一个人拒绝参与，他就是奥地利大公利奥波德,在阿卡的时候,理查一世把他的旗帜从一座塔楼上扯了下来,并使劲儿踩踏掉在地上的旗子,大公永远都不会原谅他对自己的侮辱。

实际上,理查一世的粗鲁并不是他充满敌意的孤例。这是他们宿怨的再次爆发。理查一世和大公向来不和。读者或许会记得,理查一世在塞浦路斯时俘虏了一位年轻的公主,即国王的女儿。他把公主作为礼物送给贝伦加丽娅王后做侍女和女伴。贝伦加丽娅和琼离开塞浦路斯时也带着这位公主,当她们和理查一世在阿卡的宫殿里安顿下来时,这位公主就留在了他们身边。她的确受到了善待,就像已经成了这个家庭的一员,但她仍然是囚犯。在那个时代,这样的俘虏会被作为礼物送给地位高贵的女士,这些女士对待俘虏们就像对待宠物,正如今天地位高贵的女士会养漂亮的金丝雀或者可爱的小狗一样。女士们和她们形影不离,对她们宠爱有加,用各种奢侈品打扮她们。虽然她们戴着镀金的镣铐,但可怜的俘虏仍过着痛苦、悲哀的生活,直到最后她们被送回父母的身边或者回国。

　　碰巧奥地利大公是塞浦路斯国王的姻亲，这位公主是他的外甥女。后来，当她以俘虏的身份随贝伦加丽娅王后到达阿卡时，大公自然对她格外上心。他希望公主获释，回到自己父亲身边，于是向理查一世求情，但理查一世没有答应释放她。他不希望公主离开贝伦加丽娅。遭到拒绝后，大公勃然大怒，随后发生了争吵。或许是因为这次争吵，更确切地说是争吵引起的愤怒，当十字军占领阿卡时，理查一世不允许大公的旗帜在塔楼上升起。

　　理查一世的做法让大公倍感侮辱，虽然他无力报复，但他牢记于心，并且长期以来闷闷不乐，愤恨不已。现在，当理查一世带领骑士们、男爵们身先士卒，以便鼓励士兵们修复城墙时，利奥波德拒绝参与。他说自己既不是木匠的儿子，也不是泥瓦匠的儿子，所以不会像劳工那样修城墙。理查一世被这番话激怒了，并且正如一个故事所说，他激动地冲上前去，对利奥波德又踢又打。他立即把利奥波德和他的封臣驱逐出城，宣布如果他们不参加修复城墙的工作，就不能得到城墙的保护。因此，他们不得不在城外扎营，并且他们的军队也不能继续驻在城内。

虽然大公树立了坏榜样，但大部分骑士、男爵和高级军官都热情地参加了修复城墙的工作。就连主教、修道院院长、其他修士及军中的贵族也积极地干了起来，修复城墙的速度比预期快很多。其间，军队营地和其他沿海城镇——雅法、阿卡和其他要塞之间畅通无阻，因此整个海岸都筑起了很好的防御工事，被十字军牢牢地控制了。

与此同时，萨拉丁也将军队分布在与海岸平行并离海岸一段距离的各个营地中。一连几个星期，十字军和萨拉丁的军队在很大程度上相安无事。由于缺粮、疾病肆虐和战斗减员，十字军的兵力锐减，而内部纷争进一步削弱了其实力，所以无力离开营地去进攻萨拉丁。同时，他们凭借坚城固守，萨拉丁也无力进攻他们。双方都在等待增援。萨拉丁一直得到内陆的增援，而理查一世在等待欧洲的增援。他派人带着一封信去见在欧洲享有盛誉、在许多重要宫廷中都拥有很大影响力的杰出教士克莱尔沃修道院院长。在信中，他请克莱尔沃访问各个宫廷，敦促各国君主和臣民前来拯救圣地的基督教事业。他说，除非他们愿意前来支援，并且不能拖延，否则收复圣地的所有希望将变成泡影。

随着形势有所缓和，两军暂时休战，双方的骑士交往频繁，十分友好。事实上，在骑士时代，如果在没有实际冲突的情况下，骑士之间以礼相待是一件光荣而自豪的事情，好像他们之间的敌意不是被个人恩怨激起的，而是被他们所效忠的主人或所投身的事业激起的。因此，无论出于何种原因，当暂时休战时，双方的士兵立即成了世上最好的朋友，并且实际上在相互"竞争"，看看谁更慷慨。

当时，两军之间交流频繁，举行骑士比武和其他军事活动，双方的骑士和首领纷纷参加。理查一世和萨拉丁还经常互赠精美的礼物。一次，理查一世生病，萨拉丁给他从大马士革送来了许多美味的水果，大马士革向来以盛产桃、梨、无花果和其他水果而闻名于世，尤其是特产的李子，享誉整个东方。萨拉丁听说理查一世生病了，就把这些水果送给他，还十分真诚地问候了他的病情，并祝他早日康复。

此时，之所以会出现两军统帅友好相处的局面，是因为理查一世希望与萨拉丁就耶路撒冷问题达成友好协议，从而结束战争。他对现在的处境、对任何与战争有关的一切感到十分不满。自占领阿卡以来，一切进展得都不太顺利。向内陆进军时，他的军队被击退，现在又陷入重围，被困在了沿海的几个城镇里。他麾下的兵力锐减，虽然现在没有和敌人交战，但受到恶劣气候和身体疲劳的影响，剩下的部队战斗力越来越弱。欧洲的援军不会立刻到达，而如果没有援军，就无法打败萨拉丁、占领圣地。

此外，理查一世还对自己的领地——英格兰和诺曼底的形势深感不安。他不相信腓力二世的承诺，唯恐腓力二世回到法兰西后，会趁他不在，找某种借口入侵他的领地。他不断收到来自英格兰的不利消息。他曾委托母亲埃莉诺在他离开国内的时候摄政。现在，母亲一再写信，警告他在英格兰内部存在阴谋，有人试图夺走他的一切，包括王位。母亲催促他尽快回国，理查一世急切地答应了母亲，但就目前的军队情况而言，他不能弃之不顾，同时在没有与萨拉丁达成任何协议、不能确保圣墓还给基督徒的情况下，他也不能堂而皇之地撤军。

在这种情况下，理查一世急于推动谈判，并在谈判期间促进与萨拉丁的友好关系，只要有一丁点希望，他就要促成谈判。因此，在这段时间，理查一世以最高的规格对待萨拉丁，不仅送给他许多礼物，还很客气地问候他。这些凶残、嗜杀的人竟然表现出礼貌和优雅，人们认为这与骑士精神的高贵与慷慨有关，但实际上，粗鲁、野蛮的人经常假装高贵与慷慨，他们隐藏着狡诈和自私。

在谈判的过程中，理查一世向萨拉丁宣称，基督徒只是希望拥有耶路撒冷和耶稣的十字架，他说，他肯定可以设计出让萨拉丁在这两个条件上让步的条款。但萨拉丁回答说，耶路撒冷也是穆斯林的圣地，是他们的至爱，所以绝不会拱手相让。至于耶稣的十字架，他说，如果基督教徒得到它，他们一定会像崇拜偶像一样崇拜它；在《古兰经》中，先知的律法禁止偶像崇拜，而基督教徒不会放弃偶像崇拜。"这样做，"他说，"我们就成了罪恶的同犯。"

在萨拉丁坚决反对把耶路撒冷交给基督教徒后，谈判转向了别处——让琼和萨法丁联姻；因为理查一世发现，如今已无法达成任何让他完全拥有耶路撒冷的协议了，英格兰的来信使他越来越急着回国，他就想出这个使穆斯林和基督教徒共同拥有耶路撒冷的计划。通过联姻，他的计划就可以实现。联姻是一种象征和承诺，表明彼此做出了让步，放弃了宗教狂热，决心和平共处，尽管双方的宗教信仰不同。一旦联姻成功，人们就会认为，穆斯林和基督教徒在耶路撒冷组成了联合政府，从而确保穆斯林和基督教徒都能进入耶路撒冷，而战争将以双方都满意的方式结束。

据说，理查一世提出这个计划后，萨拉丁和萨法丁都愿意接受，但由于双方神职人员的阻挠，计划以失败告终。穆斯林中的伊玛目和理查一世军队中的主教和教士都对这一"和解计划"感到震惊，他们认为，这样做就像是善与恶之间签订了契约。双方都虔诚地认为，自己的事业是上帝的事业，对方的事业是撒旦的事业，任何一方都无法容忍联姻或者其他形式的联盟计划，双方在各方面都是完全敌对的。两位统帅都清楚，违背神职人员认定的事情，继续进行联姻是不可能的。人们认为，如果没有他们的同意，或者至少是默许，什么都做不了。

因此，基督教徒和伊斯兰教徒共同拥有和守护圣地耶路撒冷的计划最终被放弃了。琼终于从恐惧中解脱了，因为如果真的联姻了，一个萨拉森人就会成为她的丈夫。

第17章　*CHAPTER XVII*

山中老人（1191年）

The old Man of the Mountains (*1191*)

理查一世的追随者众多，什么样的人都有，在管理他们的过程中，他遇到了很多麻烦和困难，其中最棘手的是两个声称有权成为耶路撒冷国王的骑士之间的争端，这在上文中已经提到。读者们或许记得，上文提到，大约一百年前，一位著名的十字军军人布伊隆的戈弗雷曾率领一支大军攻入圣地，占领了耶路撒冷。他军中的伯爵、男爵和其他地位显赫的骑士都拥戴他成为耶路撒冷国王，支持王位在他和他的后人之间传承。后来，耶路撒冷失守，但戈弗雷家族仍然拥有国王的头衔，并把它传给了西比拉公主。有一位骑士吕西尼昂的居伊娶了西比拉，然后他以妻子的名义做了耶路撒冷的国王。后来，西比拉去世，有一派人宣称，西比拉的丈夫吕西尼昂的居伊只能在西比拉在世时称王，现在西比拉已去世，他不再拥有国王的权力。从此，西比拉的妹妹伊莎贝拉作为王位继承人继承了王位。伊莎贝拉嫁给了一个软弱、胆小的人，他不敢自己称王。后来，一位更大胆、更肆无忌惮的骑士，蒙费拉的康拉德抓走了伊莎贝拉，让她和前夫离婚，自己娶了她。西比拉的丈夫吕西尼昂的居伊和伊莎贝拉的丈夫蒙费拉的康拉德之间产生了激烈的争吵。争吵持续了很长时间，所有企图解决争端或达成和解的尝试，都被证明无济于事。

居伊和他的朋友及追随者的立场是，他们承认居伊拥有妻子的耶路撒冷国王的头衔，虽然现在他的妻子去世了，但他一日为王，终身为王，其王位不可以被剥夺。在他去世后，王位可以传给下一任合适的继承人，但在他有生之年，他一直都是耶路撒冷的国王。

而康拉德和支持其事业的朋友及党羽宣称，因为居伊是在娶了西比拉后，以妻子的名义当上了国王，现在他的妻子已经去世，他将随之失去国王的资格。如果西比拉有子女，王位应该传给其中一个。但她没有直接继承人，所以王位理所当然地传给了她的妹妹伊莎贝拉，而伊莎贝拉的丈夫有权以妻子的名义获得并拥有国王的头衔。

很明显，这是一个非常微妙的问题，对于肆无忌惮、鲁莽的十字军士兵来说，如果他们觉得这个问题是法律问题和权力问题，那么就很难解决。但十字军不会费心去研究法律，更不用说如果争端产生了，他们会本着正义和公正的原则去选边站队了。在这种情况下，每个士兵考虑问题的方式都很简单："哪一方符合我的利益或者对我所属的派系最有利，我就支持哪一方"；或者，"我的对手与敌人或者他们所属派系支持一方，那我就支持另一方。"

正是基于这样的考虑，那些王子、贵族和军中各个等级的骑士决定了自己在这场争端中的立场。正如前文所述，理查一世支持居伊在西比拉去世后继续称王。他之所以支持居伊，不是因为他判断了这件事的是非曲直，而是因为他在塞浦路斯时，居伊曾游说、利诱他，提议和他联合，他考虑到自己的利益，就同意了。同样，腓力二世抵达阿卡之前，康拉德就在这里等他，并诱使腓力二世支持自己。之前，军中的骑士们已经分成了两个阵营，或者说士兵们分成了两派，彼此充满敌意，相互竞争、妒忌、争吵。这次争夺耶路撒冷的王位，他们自然分成两派。如果一派支持居伊，那么另一派会立即支持康拉德。于是，这种老套的、令人窒息的争端又爆发了。

因此，这个问题本身不再只是一场激烈的争端，而是连带着引发了其他争端，于是，争端变得更加激烈。

这场争端表面上只涉及一个空头衔，而它竟然被看得如此重要，这似乎很奇怪，但实际上，绝非一个空头衔那么简单。当时，虽然基督教徒暂时失去了耶路撒冷，但他们一直希望尽快收复它，到那时，无论对整个十字军，还是对整个基督教世界，耶路撒冷的国王都变得非常重要。人们都相信，几个月后就会收复耶路撒冷，要么是通过武力的方式夺回，要么是通过理查一世和萨拉丁谈判的方式收回。当然，收复耶路撒冷的可能性越大，关于王位之争的矛盾就越激烈，两派之间的仇恨就越深，情绪就越激动。理查一世发现，派系斗争严重阻碍了自己收复耶路撒冷的计划。他发现，无论何时，他越接近自己的目标，为实现目标付出的努力就越被日益激烈的派系斗争抵消。

康拉德的主要支持者是法兰西人,在十字军中,他们人多势众,并且对来自欧洲其他地区的军队影响巨大,理查一世无力与他们抗衡,故而支持居伊称王。最终,理查一世和居伊在这场斗争中败下阵来,或者佯装败下阵来。

因此,理查一世与居伊达成了一致——居伊放弃耶路撒冷王位,去当塞浦路斯国王。而不幸的艾萨克,塞浦路斯真正的国王,被理查一世关押在叙利亚的地牢里,所以,即使理查一世这样处置他的国家,他也无力反对。接着,理查一世承认康拉德为耶路撒冷的国王。为了解决并结束这场争端,理查一世决定立即为他加冕。

当时的人们认为,理查一世放弃支持居伊,转而接纳康拉德作为圣地未来的统治者,其中一个原因是康拉德是一位比居伊更有能力的军人,不仅影响力更大,而且实力更强。耶路撒冷被收复后,如果理查一世返回英格兰,那么康拉德将会是留下来统率军队的合适的人选;如果在耶路撒冷被收复前理查一世离开，那么他更有可能成为军队的统帅并率军攻占耶路撒冷。然而，正如我们接下来看到的那样，最终的结果与理查一世的设想大相径庭。

当时，康拉德已经是提尔国王了。事实上，他的国王身份就是他在十字军中实力和影响力的体现。他登基为耶路撒冷国王的加冕礼被定在提尔举行。至此，王位之争算是得到充分、彻底的解决。各派前往提尔，立即开始筹备盛大的加冕礼。沿岸要塞的主要将领和高官，凡是能离岗的，无不前往提尔观礼。除了少数几个不满的人，整个军队充斥着欢乐和欣慰，因为王位之争一直让军中不和，阻挠东征大业，现在，问题终于解决了。

然而，所有美好的期待都被一场意外破坏了，人们惊慌失措，情况变得比以前更糟了。一天，康拉德在提尔的街上走过时，两个人冲向他，用短剑刺进他身体，杀死了他。他们的行动相当突然，人们还没有回过神来，康拉德就已经遇害了。那两人被抓住后，被施了酷刑。他们来自一个叫阿萨辛①的阿拉伯教派。在阿拉伯语中,阿萨辛的意思是"短剑"。短剑是这个教派的唯一装备。当然,在常规作战中,他们无法用这种武器与敌人周旋,这也不是他们的目标。他们从来不会主动出击。他们生活在群山中,受一位著名的首领领导,他们称他为"老人",有时也称他为"万山之王"。基督徒们称他为"山中老人",他和他的追随者因此名声大噪。

事实上,他们不过是一个有组织的强盗团伙或刺客团伙。这些人极其狡猾、机警。他们擅长各种伪装,无论走到哪里,都不会受到怀疑。他们还受过训练,不管首领命令他们执行什么任务,他们都会毫不犹豫,绝对服从。他们有时奉命去抢劫,有时奉命去刺杀一位不知怎么惹怒首领的敌人。因此,如果一支军队的指挥官计划剿灭他们,或者任何政府官员打算采取措施将他们绳之以法,他们不会公开反抗,但会迅速返回秘密据点和堡垒

---

① 阿萨辛(意思是"刺客")一词就源于哈萨斯。——原注

藏起来。很快，首领就会派出刺客。他们乔装打扮，将短剑藏在长袍下，伺机刺杀那些计划来进攻的人。的确，在这种情况下，他们通常会立即被抓住，遭到严刑拷打后被处死。他们对首领的事业充满热情，荣誉使他们拥有无穷的力量，让他们无所畏惧，从没有在执行任务时退缩。

两个刺客当场刺死了康拉德。周围的人急忙过来，一些人来到康拉德身旁，努力止血，一些人抓住两个刺客，带他们去城堡。如果不是要拷问他们，恐怕途中他们就被剁成肉酱了。

当然，无论从哪个方面来看，酷刑都是获取证据的糟糕手段。只要酷刑能让人招供，就是行之有效的方法，但它往往导致犯人费尽心思去想自己应该说什么，才最有可能让施刑的人满意，从而获释，而不是考虑真相是什么。因此，遭受酷刑的人会说那些审问者想听的话。他们一会儿这样说，一会儿那样说，审问者会从中选择自己满意的供词向上级汇报。

对两名刺客进行审问后不久，军中开始流传这样的说法：刺客们供认，理查一世雇用他们杀了康拉德。很多人相信这种说法，尤其是法兰西人。这个说法到处流传，让不少人既激动又愤怒。同时，理查一世的朋友宣称，两个阿萨辛人明确表示，他们奉首领"山中老人"之命刺杀康拉德，因为长期以来，康拉德和首领之间一直存在矛盾。实际上，他们之间确实有矛盾，因此，毫无疑问，老人想杀死康拉德。其实，如果理查一世真是这桩刺杀案的始作俑者，他会与"山中老人"共谋，而不会直接与下属共谋。事实上，这个部落通过行刺来复仇的做法，既普通又频繁。首领更有可能是这桩刺杀案的幕后黑手，因为他已经和康拉德结了仇。真相最终也没有查清。阿拉伯历史学家们认为，这是理查一世的所作所为。相反，英国作家们则把责任推给了"山中老人"。此外，英国作家们深信，理查一世不会做这种事。他们说，理查一世确实粗鲁、暴力、大胆、鲁莽、不义，甚至残忍，但他从不下黑手。无论做什么，他都光明正大；他完全不可能做出这样的事情——佯装同意康拉德称王，让他放松警惕，然后再买凶刺杀他。

根据我们愿意接受的骑士精神所宣扬的慷慨、荣誉，这种推论也许会让我们满意，也许不会。有人对此深信不疑，认为像理查一世这样英勇、无畏的骑士绝不可能做暗杀这种事。也有人对此表示怀疑。他们认为，像理查一世这种人，如果大张旗鼓地展现慷慨和高尚，主要就是一种表象和显摆，而实际上，他们通常使用一切秘密、欺诈的手段，从而实现自己的目的。无论手段多么卑鄙，只要可以掩人耳目，他们都会用。就我而言，我非常赞同后一种观点。我相信，除了合理的、始终如一的道德准则，在人类的行为和性格方面，我们没有什么可以真正相信。

不管怎么样，对理查一世来说，不幸的是，当时在他身边的人及最了解他性格的人，他们的普遍看法对他是不利的。将士们大都认为，他是康拉德之死的幕后黑手。康拉德之死导致军心浮动。消息一传到欧洲，就激起了普遍的愤怒，尤其是敌视理查一世的人。法王腓力二世公开宣称担忧自己的安危。"他已经买凶杀了我的朋友和同盟康拉德，"他说，"接下来，他就会派'山中老人'的刺客将短剑刺入我的身体。"

于是，他在宫殿外增派了侍卫，每当他外出时，侍卫也跟随，他还特别提醒他们，防止任何可疑的陌生人靠近。神圣罗马帝国皇帝和理查一世的仇敌奥地利大公都对理查一世充满了愤怒和仇恨，后来他确实为此付出了惨重的代价。

与此同时，康拉德之死让军心越来越浮动，最终导致严重的骚乱。法军发动了兵变，试图占领提尔。伊莎贝拉，也就是康拉德的妻子。康拉德以她的名义得到了耶路撒冷国王的头衔，伊莎贝拉逃进了城堡，然后集结效忠自己的军队，筑起了防御工事。军中大乱，分成两派，即将开战。就在这时，理查一世的外甥香槟的亨利伯爵①出现了。他说服提尔人让他统治提尔。在理查一世的影

---

① 香槟的亨利伯爵之母是法兰西的玛丽。法兰西的玛丽是法王路易七世与埃莉诺之女，所以她是理查一世同母异父的姐姐。因此，她的儿子香槟的亨利伯爵是理查一世的外甥。——译者注

响下，在伊莎贝拉的默许下，他消弭了动乱，恢复了秩序。之后不久，他向伊莎贝拉求婚，她同意了。于是，香槟的亨利伯爵以她的名义成了耶路撒冷的国王。

法兰西派及那些在之前的耶路撒冷王位之争中支持康拉德的人勃然大怒，但大局已定，他们束手无策。他们一直认为伊莎贝拉是真正的君主，在西比拉去世后，正是通过她的王位继承权，他们才能支持康拉德称王，但现在康拉德已经死了，伊莎贝拉又嫁给了香槟的亨利伯爵，他们不得不一致承认，伊莎贝拉现在的丈夫有资格取代前任丈夫。他们可能对康拉德遇刺身亡怒不可遏，但很明显，康拉德已经不能死而复生，香槟的亨利伯爵成为公认的耶路撒冷国王，已经势不可当。

于是，严重的、没有意义的愤愤不平持续了一段时间后，利益受损的各派不再怨恨。就这样，所有人都默认香槟的亨利伯爵为耶路撒冷国王。

除了上述的困难，有谣言说，理查一世打算离开巴勒斯坦，返回诺曼底和英格兰，这样一来，大军就没有负责的统帅了,这引起了许多不安和不满。军队上下都很清楚,权威的行使和上下级关系的维系,其实都是因为理查一世的存在。作为一名勇士,他至高的地位和个人品质吸引了大量追随者,虽然他们对他不满的理由有很多。他们还知道,理查一世的离开将导致军队大乱,军队会分崩离析。在沿海的城镇和要塞,由此引起的抱怨和争吵非常严重。为了安抚军心,理查一世发布了一份公告,宣称自己无意离开军队,至少会在巴勒斯坦再待上一年。

第 18 章　CHAPTER XVIII

雅法战役（1192 年）

The Battle of Jaffa (*1192*)

由于上一章中提到的原因，理查一世处境窘迫。这个时候，一场战役改善了他的处境。在历史上，这场战役被称为"雅法战役"，发生在1192年夏初。

他向士兵们宣布，自己将在巴勒斯坦再待一年后，就开始为新的战斗做准备了。他认为，避免军中各派内耗的最好办法是让他们去与共同的敌人作战。所以，做好准备后，他就开始向内陆进军了。他在沿海城市的要塞留下了足够的守军，以防当他不在的时候，萨拉森人可能发动进攻，而他则率领剩下的部队从雅法的大本营出发，再次向耶路撒冷挺进。

当然，这在一定程度上恢复了士气，燃起了将士们新的希望。不过，理查一世仍然感到不安、焦虑和担忧。信使从欧洲带来的消息一次比一次紧张。信使说，在英格兰，他的弟弟约翰正打算篡位；在法兰西，腓力二世正在入侵他的领地——诺曼底，显然他还准备扩大战争。他母亲写信说，他必须尽快回国，否则将失去一切。当然，他对腓力二世的入侵和约翰的背叛感到愤怒，他心急如焚，想要回去复仇。但现在，收复圣地之事陷入了困境，他根本无法脱身。于是，他决定，在离开之前，有必要和敌军大战，至少重创敌军。正是眼下这种令人绝望的处境激励了他，促使他再次进军。此时，已经快到5月底了。

大军走了几天，没有遇到萨拉森人的主力，因为萨拉丁已经撤至耶路撒冷，他们加强了防御工事，做好了一切准备，只等理查一世的到来。不过，大军还是遇到了其他困难，将士们不堪其苦。这里干燥、贫瘠，天气炎热，易滋生病害。许多士兵生病了，而那些健康的士兵经过几天的行军，喝不上水，另受其他困难的折磨，无不深受煎熬。他们想避开烈日，但没有树，也没有其他遮蔽物；他们想喝水，但几乎找不到任何水源。小溪很少，所有能找到的井很快就被喝干了。不久，食物供应也出了问题。从海岸运来的食物满足不了上万大军的需求。这里自产的所有东西，随着理查一世的进军，都已被萨拉森人带走。因此，大军四面受困，没几天就食不果腹了。

尽管如此，远征军还是成功地抵达了耶路撒冷附近。6月初，军队进至位于耶路撒冷以南六英里处的希伯伦。他们在这里停了下来。理查一世在这里待了几天，迷茫、窘迫地左顾右盼，心事重重，不知所措。

从希伯伦附近的一座小山上就可以看见耶路撒冷。长期以来，理查一世渴望得到的战利品就摆在眼前，但他无能为力。为了收复耶路撒冷，多年来，他夙兴夜寐，不仅耗尽了国家资源，还面临失去王位的危险；为了收复耶路撒冷，他离开自己的国家，率领所有陆军和海军，远航三千英里。现在，战利品就在眼前，整个欧洲都等着他夺取的消息，但他力有不逮，很有可能怎么来的就怎么离开。

理查一世很快意识到，结果一定是这样的，这是因为，一方面他的军队筋疲力尽，缺少粮草，苦不堪言，几近绝望；另一方面，萨拉丁守卫的是固若金汤的耶路撒冷。当理查一世军中各派纷争不断的时候，萨拉丁一直在加固城墙，修筑其他防御工事。现在，他们的防御能力已经比以往任何时候都强大了。理查一世还得到情报，萨拉森人毁掉了耶路撒冷周围的所有水井和蓄水池，如果继续前进并围攻，就必须得挖井，否则会渴死。在这种情况下，理查一世感到绝望。据说，他爬上可以看到耶路撒冷的山上，但没有看耶路撒冷一眼。他举起盾牌，挡住视线，说他不配看耶路撒冷一眼，因为他没有能力收复它。

战时会议召开了，讨论此时最应该做什么。这是一次充满迷茫和绝望的会议，没人知道现在最应该做什么。撤退将蒙羞，前进将灭亡，继续留在原地也不可能。

绝望之中，理查一世想出了一个新计划——向南进军，夺取开罗。萨拉森人的军需物资几乎都是从开罗运来的，而前往开罗，希伯伦是必经之地。对理查一世的军队来说，南下之路畅通无阻。按这个计划执行，他们至少可以获得食物。此外，从耶路撒冷撤军是缓兵之计，不是真的撤退。尽管如此,这些理由仍然不足以证明,进军开罗是明智的,理查一世对此也没有认真考虑。更有可能的是,他之所以提出这个计划,是为了振奋一下骑士和士兵的战斗精神,即使放弃攻打耶路撒冷的计划,他们也不致过度失望和苦闷。他打算先向埃及行进一段路程,之后再找借口转向海岸,最后在海岸上的城市重整旗鼓。

总之,无论这是不是最初的计划,事情就这么定了。大军拔营离开,开始前进。军队得知收复圣墓的希望及历尽艰难、远道而来的崇高理想和愿望都变成了泡影,先是大怒,然后失去理智,心灰意冷。所有军纪都不起作用了。现在,没有人关心远征军和自己的处境。勃艮第公爵率领法兰西士兵公然叛乱,宣布他们不再往前走了。德意志军队也加入叛乱行列。于是,理查一世放弃了这个计划,或者表面上放弃了,下令向阿卡挺进。到了阿卡,军队几乎瓦解了。

没过多久,他们就得到情报,萨拉丁一路尾随,趁机包围了雅法。虽然守军安全地撤入了城堡，紧闭城门，但现在，除非理查一世马上去救援，否则守军将被迫投降。

理查一世当即命令所有具备行军条件的部队立即出发，沿着海岸从阿卡向雅法挺进。他说自己会走水路，因为是顺风，而他的一部分军队，只要有足够的船，就走水路，这样一来，士兵们能够保持体力，从而有利于击敌。另外，走水路比走陆路更快。因此，他尽量多地征集了船舶，率军登船。船总共有七艘，其中一艘由理查一世指挥。勃艮第公爵统率下的法军拒绝前往。

这支小舰队立即起航，迅速沿海岸前进。抵达雅法时，他们发现，雅法已经被萨拉森人占领，大量敌人聚集在岸上，企图阻止理查一世的部队登陆。敌军如此强大，以致船上的所有骑士和军官都劝理查一世不要进攻，而是等待陆路部队抵达。

然而，理查一世不计后果，孤注一掷。他宣布自己将登陆，并狠狠地诅咒了那些不愿意出战的人。他命令船尽量靠近海岸，然后右手拿着战斧，脖子上挂着盾牌，以便腾出左手。他跳入水中,号召其他人跟上。其他人都效仿他。他们刚一上岸,就开始猛攻聚集在岸上的萨拉森人。萨拉森人被打退了。理查一世挥舞着战斧,杀死了许多萨拉森人。与他并肩战斗的人受到鼓舞,变得果断、勇猛,敌阵被突破,敌人大败而逃。

接着,理查一世率军冲向城门,守城的萨拉森人还没有从惊讶中回过神,城门就被攻陷了,敌人不是被杀,就是被驱散。然后,理查一世率军攻入城中,关闭城门,城中的萨拉森人逃不出去了,很快被制伏或者被杀死,就这样,理查一世收复了雅法。

理查一世和将士们深知,战斗还没有结束。尽管他们收复了雅法,但被萨拉森人的大军包围了。萨拉森人一直在平原上徘徊,兵力迅速增加,因为萨拉丁命令内陆竭尽全力增援,而理查一世无时无刻不在等待主力从陆路抵达。

第二天,主力抵达,并参加了一场大会战。陆路部队从城外进攻萨拉森人,理查一世率军走出城门,侧击萨拉森人。十字军背水一战。他们非常清楚，生死存亡的时刻到了。输掉了这场战斗，就输掉了一切。而萨拉森人没有陷入绝境，即使这次战败了，也可以像以前那样安全地退入山中。

最终，萨拉森人战败了。这场战斗漫长而惨烈，但理查一世取得了胜利，赶走了萨拉森人。

记载十字军史的作家们描述，在战争期间，萨拉丁送给理查一世一匹马做礼物，这个故事有许多版本。在残酷的十字军东征中，这一事件表明，战斗双方的统帅惺惺相惜。其中一个版本把这一事件描写成了战争的插曲：萨拉森人从战场上赶回，来到一直观战的萨拉丁身边，向他汇报战况。与他交谈时，他们指出，那边的高地上有许多骑士，中间那位就是理查一世。

"他为什么步行！"萨拉丁惊叫道。理查一世的确步行。原来，那天早上，他的爱马法福克被杀死了。由于他匆忙离开阿卡，走水路赶来，还没有找到可替代的马。

萨拉丁立即表示，理查一世不应该无马可骑。"英格兰国王，"他说，"不应该像普通士兵

萨拉丁送给理查一世一匹马作为礼物

一样,步行作战。"他立即命人带着休战旗,给理查一世送去两匹良驹。理查一世接受了这份礼物。在当天剩下的时间里,他骑着敌人送来的那匹马作战。

还有一个版本为这个故事增添些了浪漫色彩,说萨拉丁起初只送了一匹马,他认为,这匹马最适合作为一位君主送给另外一位君主的礼物。但理查一世乘马之前,先让一名骑士去试马。骑士发现,自己完全驾驭不了这匹马。马甩掉马嚼子,驮着骑士飞奔回了萨拉丁的营地,于是,骑士成了无能为力的俘虏。这样的结果让萨拉丁很懊恼,他担心理查一世可能会认为,他送一匹烈马肯定不怀好意,目的是使理查一世受伤。因此,他以最高规格接见了那位不情愿地被带到自己营地的骑士,还为他重新备了一匹马,还送给他不少礼物,放了他。萨拉丁又派人送给理查一世一匹马,比之前的那匹马更漂亮,理查一世认定这匹马训练有素,值得信赖。

第 19 章　*CHAPTER XIX*

休　战（1192年）

The Truce (*1192*)

雅法战役的结果大大振奋了十字军的士气，改善了十字军的处境，同时重挫了萨拉丁和萨拉森人的锐气。但雅法战役没有让任何一方获得压倒性的优势，比起以前，双方更接近于势均力敌。很明显，交战双方都不强大，或者虽然强大，但没有强大到可以实现自己的目标。理查一世无法从萨拉丁手中夺回耶路撒冷，萨拉丁也不能把理查一世赶出圣地。

在这种情况下，理查一世和萨拉丁最终同意休战。休战协定的谈判持续了好几个星期，夏天过去了，谈判才结束。这次休战的时间很久，超过了三年。尽管如此，从严格意义上讲，这只是休战，而不是和平，因为休战的期限是明确的。

为了回国，理查一世宁愿休战，也不愿意和平。他不希望别人认为他离开圣地回国，意味着放弃了收复圣墓的所有计划。他同意休战三年，这样就有足够的时间回国，处理好国内的一切，重新组织一支规模更大的十字军，回来再战。同时，根据条约的规定，他保留了在沿海城市驻军的权利，但

不包括他放弃的一座城市。条约的具体条款如下:

条约的条款

一、三大城市——提尔、阿卡和雅法及它们之间沿海较小的城镇、城堡及其相邻领土归基督教徒所有,萨拉丁应确保在休战期间它们不会遭到任何袭击或骚扰。

二、更靠南的阿斯卡隆,不是理查一世军队的必守之地,理查一世决定放弃;萨拉丁可以收回,但需补偿理查一世在阿斯卡隆修建防御工事的费用。然而,萨拉丁不能设防,防御工事将被拆除,阿斯卡隆可以用于商业往来。

三、基督教徒必须在自己的领地内保持和平,不得出于战争的目的进入内陆,也不得以任何方式伤害或迫害周围国家的居民。

四、所有从欧洲基督教国家来到阿

卡，以游客或朝圣者的身份，希望以和平的方式前往耶路撒冷的人，无论是军队中的骑士，还是士兵，或者真正的朝圣者，都可以自由往返，萨拉丁要保证他们免受一切伤害。

五、休战的有效期为三年三个月三天三个小时；一到期，条约规定的所有义务立即失效，任何一方都可以立即不受限制地恢复战争。

随着条约的签署，全军各部欣喜若狂。条约签署的第一个成果是，骑士们、士兵们立即结队去耶路撒冷朝圣。很明显，所有人一次同时前往是不可能的；理查一世告诉勃艮第公爵麾下的法兰西士兵，他认为他们根本没有资格前往耶路撒冷。他说，他们没有做过任何对战争有利的事情，所做的一切不是让军队陷入困境，就是让军队无法推进，现在，他认为他们不配分享任何条约签署所带来的果实。

其他人组成了三个团体，一个接一个地前往圣城。第一个团体遇到了一些困难，他们需要萨拉丁的权力来保护他们免受萨拉森人的侮辱或伤害。长期以来，萨拉森人对这些入侵者的仇恨和愤怒还没有平息，其中许多人都渴望为自己遭受的苦难复仇。理查一世在阿卡屠杀了许多人质，他们的朋友和亲属极其激动。他们一起来到萨拉丁的宫殿，跪在他面前，恳求他允许他们向那些残忍的凶手复仇，因为他们现在获得了机会，但萨拉丁根本不听他们的。他非常坚决地、彻底地拒绝了他们的请求，并在整个朝拜期间采取有效措施保护基督教徒的团体。

这样一来，保护前往耶路撒冷的基督教徒的问题就解决了，萨拉森人复仇的亢奋也渐渐地平息了。实际上，过了不久，民意便倒向了另一边，所以，第二个基督教团体到来时，颇受欢迎。也许是因为第一个团体在访问耶路撒冷期间及在来去的途中小心谨慎，从而赢得了萨拉森人的好感。总之，访问耶路撒冷后，他们没有再遇到困难，此前，军中许多人都不相信萨拉森人的诚意，现在纷纷加入各个团体，因为他们都非常好奇，想看看他们为之浴血奋战的这座城市是什么样的。

前往耶路撒冷的第三个团体中有一位主教。与一位骑士或一名普通士兵相比，基督教会的一位高级神职人员前往耶路撒冷要冒更大的危险，一方面，这样的人更受伊斯兰教极端分子的厌恶，从而更易受到攻击；另一方面，如果遭到攻击，他手无寸铁，没有还手之力，无法保护自己，甚至不可能像一位军人那样成功逃脱，因为军人已经习惯了各种意外和战斗。

然而，主教没有遇到任何困难。相反，他还受到了极大的礼遇。为了表示敬意，萨拉丁为他做了特别的安排。萨拉丁邀请他来自己的宫殿，非常尊敬他，和他交谈良久。在谈话的过程中，萨拉丁想知道基督教军人是如何评价自己的。

"在你们的军队中，"他问道，"人们通常是如何评价我和理查的？"

他想知道自己和理查一世谁是最了不起的

英雄。

"我的国王,"主教回答道,"无论是从他的英勇行为来看,还是从他的慷慨性格来看,他都被视为世上最了不起的人。我不能否认这一点。但您的大名在我军中如雷贯耳。我军的共识是,如果您皈依基督教,世界上就不会有像您和理查这样的君主了。"

随着交谈的深入,萨拉丁承认理查一世是一位了不起的英雄,并且表示自己非常钦佩他。

"不过,"他补充说,"他的一些作为不仅是错误的,而且是不明智的,在不能保证安全的情况下,他鲁莽地陷入危险的境地,这是匹夫之勇,不是真正的勇敢。对我而言,我更看重睿智和精明,而不是有勇无谋。"

与萨拉丁交谈期间,主教提议,为了方便那些不时前往耶路撒冷的朝圣者,有必要建立一些迎接和招待他们的公共机构,并且请求萨拉丁允许建立这样的机构。萨拉丁同意了他的请求,主教立即采取措施,付诸行动。

理查一世没有访问耶路撒冷。据他自己所说，那段时间他生病了。真正的原因也许是，他无法忍受只有得到敌人的允许才能前往耶路撒冷，而长期以来，他一直希望以征服者的身份前往。

第 20 章　　CHAPTER XX

离开巴勒斯坦（1192年）

The Departure from Palestine (*1192*)

理查一世与萨拉丁休战的主要目的之一是能够有个体面的借口离开圣地，起程返回英格兰。他已经收到许多母亲催他回国的信，并且警告他英格兰和诺曼底形势危急。

读者也许还记得，在英格兰，理查一世开始东征时，他命自己的弟弟约翰与母亲埃莉诺一起摄政，但为了筹钱，他还将一些官位卖给几位地位高、影响大的贵族，他们在很大程度上不必听命于约翰。对于这样的卖官，理查一世仍然不知足，所以不必要地增加了官员的数量，甚至出现了一个职位卖给两个官员的情况。当然，这种交易不是公开进行的，或多或少有所掩饰或伪装。例如，在将"首席法官"（这是一个位高权重、待遇不菲的职位）卖给一位贵族，并收到这位贵族支付的钱后，他又任命其他贵族来做法官助理，当然，他向他们每人索要了一大笔钱，并且向他们保证，他们的权力与首席法官相同。这种做法只会造成被任命者之间无休止的矛盾和争吵，一旦理查一世离开，矛盾和争吵就会爆发。但国王只要得到钱，就对此毫不在乎。

理查一世乘船东征后，争吵确实立即爆发了。这涉及许多派系。埃莉诺和约翰都自称摄政。另外，两位有权势的贵族都说自己的职务拥有最高的权力。其中一位贵族叫隆尚，他一度想做最高统治者。整个国家被他及其党羽与约翰及其党羽之间的内讧搞得乌烟瘴气。最后，隆尚失势，不得不乔装打扮后逃离英格兰。一天，一些渔民的妻子在多佛尔附近的海滩上发现了他，他扮成一位老妇，腋下夹着一卷布，手中拿着一把码尺。他在等船，以便渡过英吉利海峡前往法兰西。为了不让别人认出自己，他才伪装成这样，从后面看，他几乎就是老妇的样子。然而，渔民的妻子们觉得这个人的外表有些可疑，于是设法走近，从他的帽子下偷看了一眼，然后看到了他下巴上的胡子和络腮胡子。

尽管被发现了，但隆尚还是成功逃走了。

至于诺曼底，与英格兰相比，理查一世的利益面临着更严重的威胁。在离开圣地之前，腓力二世曾庄严宣誓，理查一世不在期间，他保证自己既不会骚扰理查一世的任何领地，也不会采取任何敌视他的行动；无论他和理查一世发生了什么矛盾，都不能妄动干戈，至少等理查一世回来六个月以后。正是因为达成了这样的协议，理查一世才同意留在巴勒斯坦指挥十字军，并且允许腓力二世回国。

不过，虽然达成了庄严的协议，宣布了郑重的誓言，但腓力二世一安全抵达法兰西，就开始对理查一世的领地虎视眈眈。他开始着手准备入侵理查一世的诺曼底，理由是，他要重新拿回阿黛尔的嫁妆，根据在墨西拿签订的条约，嫁妆应该还给他。但条约还规定，归还嫁妆的时间应该是在理查一世回国后，所以腓力二世现在制订入侵计划显然是背信弃义的行为，无论他有什么借口、如何辩解，都无法服众。这件事情，乃至历史上大量类似的事情表明，虽然崇高的荣誉感一直是受到赞扬的骑士精神之一，但它有虚伪的成分，不值得相信。

然而，为了不失偏颇，有一点必须指出，腓力二世的骑士和贵族激烈反对这种背信弃义的行为，最后他被迫放弃了自己的计划，接着用阴谋诡计替代公开战争，继续损害理查一世的利益。他知道约翰一直在密谋篡位，于是派人去见约翰，建议约翰与他结盟，而他会支持约翰篡位。他还要把理查一世抛弃的阿黛尔公主嫁给约翰，从而明确、巩固他们的联盟。约翰对这个建议很满意。他们的一些密谋行为，被埃莉诺搞清楚了真相，她告诉了正在巴勒斯坦的理查一世。当时正值雅法战役，理查一世迫切地想离开巴勒斯坦回国。

大约在10月1日，理查一世从阿卡起航回国，他只带了少数人，包括他的贴身随从。他自己上了一艘战船。两位王后带着被俘的塞浦路斯公主和其他家庭成员，和来的时候一样乘坐专门为他们安排的一艘船，并且他们继续由特纳姆的斯蒂芬照顾。两位王后先登船出发，理查一世随后跟上。他打算悄无声息、秘密地离开海岸，因为如果法兰西将士和英格兰将士知道他要离开，不知道他们会用什么方式阻止他。因此，他尽量保密，为了更加彻底地实施自己的计划，他放弃了皇家排场，乔装成一个普通的骑士。

到了晚上，船一艘接一艘地驶离海岸，这样就不会引起别人注意了。他们一夜时间没有走多远。第二天早上，海岸仍然清晰可见，尽管很快就消失了。理查一世站在战船的甲板上，凝视着海岸，然后伸出双手，喊道：

"圣地，再见了！我将你托付给上帝，让他来守护和照顾你。愿他赐给我长寿和健康，让我有机会从'异教徒'手里拯救你。"

他的这番话对旁边的人产生了良好的影响，他们奔走相告。理查一世也许就是为了得到这样的结果，才喊出这番话的。

第 21 章　*CHAPTER XXI*

理查身陷囹圄（1192年）

Richard made Captive (*1192*)

现在是秋末，飓风来了。舰队离开港口不久，就遇上了暴风雨，船被吹散了，不少船驶向了邻近的海岸，毁于一旦。留在阿卡和雅法的十字军士兵幸灾乐祸。理查一世和骑士们留下他们，自己回国，这让他们非常愤怒，现在，他们说这场暴风雨是上天对船上的人们的审判，因为他们放弃了战斗，离开了圣地，留下了基督的墓地和十字架。据说，其中一些船被吹到了非洲海岸，水手们和骑士们刚上岸就被抓住，沦为奴隶。

理查一世的船和王后们所在的船，比其他船更坚固、更优良，扛住了飓风。飓风停后，王后们所在的船驶向西西里岛，并如期、安全抵达。理查一世不想去任何自己认识的地方。因此，当发现自己的船与其他船渐行渐远时，他突然改变了航向，向北进入了亚得里亚海。他在科孚岛登陆，然后打算放弃自己的大船，乘坐三艘小帆船，渡过亚得里亚海，然后走陆路，经过德意志的腹心地带。

他可能认为这是最安全、最好的路线。由于害怕腓力二世，他不敢穿越法兰西。如果走海路，他又需要经直布罗陀海峡进入大西洋，在一年的秋末，他的航程不仅漫长，而且充满危险。剩下唯一的选择是穿过德意志，但德意志的几个统治者仇视他，除非他乔装打扮，否则是不安全的。

于是，他乘着在科孚岛买来的三艘小帆船，航行到亚得里亚海的尽头，在一个叫扎拉的地方登陆。在这里，他穿上朝圣者的衣服。他的头发和胡子都变长了，他披着朝圣者飘逸的长袍，手里拿着权杖，这样就伪装好了。

然而，他可以让自己看起来像朝圣者，但不能表现得像朝圣者。他有很多钱，在这里，他花钱的方式对一个国王来说可能非常节省，但对一个朝圣者来说非常奢侈。不管他走到哪里，人们都想搞清楚这些陌生人的真实身份。为了解释清楚自己旅行期间为什么相对轻松、舒适，理查一世装成商人，虽然步行去朝圣，但一点儿也不穷。

理查一世很清楚，这样穿过德意志会冒巨大的危险，因为这里到处都有他的敌人。神圣罗马帝国皇帝亨利六世最恨他，因为他帮助过坦克雷德篡夺西西里王国王位。皇帝本人是康斯坦丝王后的丈夫，康斯坦丝王后是西西里王国先王指定的王位继承人。理查一世还要经过奥地利大公利奥波德的领地，在圣地，他曾与大公激烈争吵，令大公大怒。除此之外，德意志还有不少权贵，都是蒙费拉的康拉德的亲戚，他们纷纷认为理查一世谋杀了蒙费拉的康拉德。

要经过这样一个充满敌人的国家，理查一世自然对前途感到担忧，但他既没有谨慎行事，也没有当心周围的危险，而是继续大大咧咧地前行，把自己能否安全通行托付给了运气。

他又走了几天，穿过了群山中人烟稀少的道路，直到一个大镇近在眼前。镇长叫梅纳德，他是蒙费拉的康拉德的近亲。在某种程度上，他已经知道理查一世要返回英格兰，并且有理由相信理查一世要走哪条路。理查一世认为，在没有通关文牒的情况下，经过这个城镇是不明智的，所以他命随行的一个男侍从去搞一份通关文牒。理查一世交给这个侍从一枚非常贵重的红宝石戒指，让他送给镇长，并且告诉镇长，这是一位朝圣商人的礼物，商人与一位神父、几个侍从正穿过德意志，希望镇长允许他们过境。

镇长接过戒指，仔细看了看，认出了它的价值，对男侍从说："它不是商人的，而是一位国王的。告诉你的主人，我知道他是谁，他是英王理查。尽管如此，但他可以来去自由。"

男侍从带回消息时，理查一世大惊失色。当天晚上，他为自己和其他几个人买了马，然后飞驰而去，剩下的人都被抛在了后面，第二天他们就被抓了，而乔装打扮的理查一世要穿过德意志的消息传遍了各地，接下来，政府开始悬赏捉拿他。当然，现在，每个人都开始留意他了。

然而，理查一世成功地避开了搜查，继续前行了一段，直到进入某个城镇，一个在诺曼底就认识他的骑士看到了他。骑士立刻认出了他，但没有背叛他，而是把他藏了起来，第二天又给他备了一匹新马。这是一匹快马，理查一世可以策马飞驰，逃之夭夭，以防不测。在这里，他解散了其他随从，只留下那个男侍从，然后他们一起出发了。

他们沿着自己找到的最偏僻的路，走了三天三夜。其间，他们没有进入任何住宅，只在路边、林间或山中歇脚。在这些地方，理查一世会躲起来，附近如果有村子，男侍从会去买食物，通常能买到很少，甚至一点儿都买不到，而马吃光了他找到的任何东西。因此，三天结束时，他们已经快饿死了。

此外，他们迷路了，现在正离维也纳这座大城市越来越近。它是理查一世此后在德意志面对的最危险的地方。他又饿又累，加上其他原因，他病倒了，再也走不动了。于是，他去了一个靠近城镇的村子，派男侍从去市场上买食物及他急需的药。人们注意到男侍从的奇怪着装及异国气息，当看到他有那么多钱时，就更加好奇了。人们问他是什么人。男侍从说自己是一位外国商人的仆人，商人正在这个国家旅行，现在病了，就在附近。

人们对这个答案很满意，就让男侍从离开了。

理查一世精疲力竭，病得很重，走不动了，所以接下来几天，他有理由让男侍从经常去镇上。这种情况持续了好几天，人们越来越好奇。最后，人们发现男侍从竟然穿着国王仆人才穿的衣服。理查一世如此轻率，竟然允许男侍从穿那种衣服，这真令人惊讶。不过，这是他的性格使然。最后，人们抓住了男侍从，官府鞭打他，要他坦白自己的身份。男侍从非常勇敢，强忍着疼痛。最后，官府威胁他，如果他不如实相告，就要折磨他，还要割掉他的舌头。他吓坏了，就讲了真相，并且说出了理查一世的藏身之处。

一队士兵奉命去抓理查一世。过程是这样的：士兵们到达时，理查一世正在厨房里烤肉，准备晚饭。他的房子被包围，连只苍蝇都飞不出去了，士兵们在门口问，里面的人是不是国王理查。里面的人回答道："不是！只有一位正在烤肉的圣殿骑士。"于是，士兵们进去一探究竟。这时，指挥官喊道："没错，就是他，抓住他！"然而，理查一世拿起剑，跑到一个可以自卫的位置，向士兵们宣布，他只向指挥官投降。士兵们认为可以抓活的，就停了下来，然后去请奥地利大公利奥波德。利奥波德已经离开圣地，前不久才到家。但理查一世不可能知道自己正在通过他的领地。

大公一到，理查一世知道抵抗徒劳无益，就交出了剑，成了俘虏。

"你很幸运，"利奥波德说，"成为我的俘虏，你应该认为自己落入了救世主手中，而不是敌人手中。如果你落入康拉德那些正在抓你的任何一个朋友手中，你立即会被五马分尸。他们多恨你啊！"

俘虏理查一世后，为了确保他的安全，大公将他送到了自己领地的一座城堡，城堡的主人是一位男爵，并把此事告知了神圣罗马帝国的皇帝亨利六世。囚禁理查一世的城堡的名字是杜伦施泰因。

听说理查一世被抓了，亨利六世喜出望外，立即派人去见大公利奥波德，并宣称这个囚犯归自己所有。

"你无权拘押他，"亨利六世说，"一位公爵

杜伦施泰因城堡

不能囚禁一位国王，但皇帝可以。"

可大公不想就这样将理查一世拱手相让。于是，双方进行谈判，最后大公同意，只要价钱好，就卖掉理查一世。皇帝带走了理查一世。接下来的很长一段时间里，人们都不知道理查一世的下落。

理查一世渡过亚得里亚海，慢慢地走了很长的陆路，被囚禁在了特里菲尔斯城堡。冬天已经过去，现在是1193年的春天了。

第 22 章　　CHAPTER XXII

回到英格兰（1193年—1199年）

The Return to England (*1193—1199*)

这段时间，英格兰人一直耐心地等着理查一世返回，想知道他的现状如何。他们知道，理查一世是10月从巴勒斯坦起航的。人们对他的下落出现了多种猜测。有人认为，他遇上了海难；有人认为，他被摩尔人俘虏了。然而，一切都只是猜测，因为自他乘船离开阿卡以后，人们就再也没有听到他的消息。贝伦加丽娅已经安全抵达墨西拿，在这里待了一段时间后，她在特纳姆的斯蒂芬的护送下继续航行，直到罗马。其间，她非常担心自己的丈夫。在罗马，她停了下来，不敢继续走了。在教皇的保护下，她感到安全。

皇帝亨利六世试图捂住理查一世被囚禁的秘密。他将理查一世从杜伦施泰因城堡带走，然后将理查一世关进了自己的一座叫特里菲尔斯的城堡，它坐落在多瑙河畔。在这里，理查一世被严密监视。然而，他没有因自己的悲惨下场而沮丧，而是把时间花在了作曲和唱歌上，还与城堡里的人们饮酒、狂欢。1193年的春天和夏天，他一直住在这里，而整个世界都想知道他的下落。

最后，关于理查一世的流言传遍了所有邻国，皇帝扣押、囚禁他的行为受到普遍谴责。这个流言最初是如何传到英格兰的，尚不清楚。有这样一个故事，有一个叫布隆德尔的人，他是著名的游吟诗人，曾经在巴勒斯坦见过理查一世。当时，他正在德意志旅行，并且经过了关押理查一世的城堡前面的路。他正在唱自己的一首歌，而理查一世会唱这首歌，所以当游吟诗人唱完一节时，他接着唱了下一节。布隆德尔听出了这个声音，马上意识到理查一世被囚禁了。不过，他什么也没说，而是继续赶路，接着想办法将自己知道的事情传回英格兰。

另外一个说法是，皇帝亨利六世写信给法王腓力二世，告诉他英王理查一世被关在自己的一座城堡里。有人誊抄了这封信，并将它卖给了理查一世在英格兰的朋友。

据说，贝伦加丽娅获悉理查一世的下落，与一条正在罗马出售的装饰着珠宝的皮带有关，这条皮带正是理查一世在离开阿卡时的所系之物。她竭力调查这条皮带，但只能搞清楚理查一世被关在德意志的某个地方。发现理查一世还活着，她的心情一下子放松了，但一想到他可能身陷囹圄，就非常难过。她请求教皇助其一臂之力，使理查一世获释。教皇确实介入了，他立即打算开除利奥波德的教籍，因为利奥波德抓住并囚禁了理查一世，并且威胁利奥波德，如果不放了理查一世，他将亲自开除利奥波德的教籍。

与此同时，关于理查一世下落的消息在英格兰引起了轩然大波。一方面，约翰非常高兴，盼着自己的哥哥永远不被释放。他立即采取各种措施，并且与腓力二世合作，以便获得王位。另一方面，英格兰人很生皇帝亨利六世的气，都想采取办法，以便让理查一世获释。王国的贵族、主教及所有高级官员在牛津开了一场重要的会议。人员到齐后，他们重新宣誓效忠自己的君主，并派出一个由两位修道院院长组成的代表团去看望国王，就紧要之事与国王协商。之所以选择两位神职人员作为使者，是因为比起骑士、男爵或者其他军事人员，他们来往办事不会受到骚扰。

两位修道院院长到了德意志，第一次与理查一世见面是在路上。当时，亨利六世正带着他前往首都，目的是把他带到帝国的重要机构，即帝国议会，然后让他接受审判。

见到自己人，理查一世高兴极了。然而，当他从他们那里得知约翰与腓力二世密谋篡位时，他勃然大怒。但他说，无论他们怎么做，都吓不倒自己。

"我的弟弟约翰，"他说，"做任何事情都缺乏足够的勇气。就他那点儿胆量，永远不会成为一国之君。"

到达帝国议会所在城市后，理查一世与亨利六世举行了一次会谈。亨利六世囚禁理查一世的目的有两个：其一，防止理查一世支持坦克雷德，进而导致西西里王国不受他的控制；其二，理查一世要想获释，他就索要一大笔赎金。皇帝将赎金的数量告诉了理查一世。理查一世拒绝了，他说，接受这样的条件，玷污自己的王冠，导致自己的王国一贫如洗，还不如一死了之。

为了向理查一世施加更大的压力，亨利六世将他作为罪犯带到帝国议会，以下是对他的指控：

一、他与西西里王国的篡位者坦克雷德结盟，所以坦克雷德所犯罪行少不了他一份；

二、他入侵了信奉基督教的塞浦路斯王国艾萨克的领地，废黜了国王，踩躏其领地，抢夺其财宝，最后把这个不幸的君主关进了叙利亚的地牢里；

三、在圣地期间，他对奥地利大公及整个德意志民族进行一再的、不可原谅的侮辱；

四、他盛气凌人、暴躁的行为引发了他与法王之间的争吵，从而导致十字军东征的失败；

五、他买凶刺杀了蒙费拉的康拉德；

六、最后，他背叛了基督教事业，与

萨拉丁达成了基本停战协议，并将耶路撒冷拱手相送。

亨利六世提出对理查一世的一系列指控，其动机可能不是对他定罪量刑，而是让他更加强烈地意识到自己的处境危险，从而支付赎金。无论如何，"审判"只是一场针对赎金数量的谈判。

最终，赎金数量定了下来。理查一世被送回了监狱，两位修道院院长则返回英格兰，筹集赎金去了。

英格兰人不仅心甘情愿，而且十分乐意承担这项任务。赎金相当于现在（19世纪）的近一百万美元，当时，这笔钱对一个王国而言是巨资。赎金用银币支付，其中三分之二归亨利六世，另外三分之一归奥地利大公。奥地利大公将理查一世卖给亨利六世时，保留了获得部分应付赎金的权利。

一旦三分之二赎金支付到位，理查一世就获释，补充条件是他要提供人质，作为剩余赎金的担保。

筹集这笔钱用了很长时间。在交付赎金的过程中，亨利六世的失信造成了一些困难，因为他发现英格兰人愿意为赎回理查一世而付出任何代价，所以他不时改变条款，要求越来越多。最终，1194年2月，也就是理查一世身陷囹圄大约两年后，英格兰足额支付了第一笔赎金，理查一世随即获释。

回国途中，理查一世遇上了许多危险。直到3月中旬，他才登上了英格兰海岸。

听到他回国的消息，全国人民欣喜若狂，隆重地迎接了他。一位和理查一世一起回英格兰的德意志男爵说，如果亨利六世知道英格兰人对他多么重视，就不会为了收那点赎金而释放他了。

当然，听到理查一世回国的消息，约翰大惊失色，他放弃了一切，逃到了诺曼底。理查一世下令，如果四十天内他不回来，就没收他的全部财产。约翰对此忧心忡忡，不知所措。

理查一世一处理妥当英格兰的事务，就决定再次加冕，好像两年的囚禁破坏了其统治的连续性。因此，新的加冕典礼举行了，并且像第一次加冕典礼一样进行了盛大、隆重的庆祝。

之后,理查一世决定前往诺曼底,准备在这里对腓力二世开战,以便惩罚他的背信弃义。理查一世抵达诺曼底后,约翰卑微、顺从地跪在他的面前,向他求饶。埃莉诺也为约翰求情。理查一世说,看在母亲的情分上,就原谅了他。

"我希望,"理查一世说,"我会忘记他对我的伤害,而他会忘记我原谅他时的宽容。"

贝伦加丽娅因自己为丈夫的利益所展现的奉献精神,以及为确保他获释所做的努力而受到了重赏。在丈夫返回前不久,她从罗马回到了英格兰,而丈夫返回时,却并没有展现出与她重聚的兴奋。取而代之的是,他与一些宵小混在了一起,这些人既有男的,也有女的,在去圣地前他们就认识了。理查一世成日与这些人挥霍无度,贝伦加丽娅在他的爱搭不理、排斥、疏远中日渐憔悴。她就这样被抛弃了,她的心都快碎了。王国的几位重要的神职人员强烈反对理查一世的无道,但任何反对都没用,他变本加厉地酗酒、挥霍,直到最后臭名远扬。

1195年的一天,理查一世在诺曼底的森林里打猎,遇见了一位隐士。隐士大胆地进谏,说理查一世的生活充满邪恶,他的所作所为严重地冒犯了上帝,除非他迷途知返,忏悔自己的罪行,否则他注定很快会凄惨收场——受到天堂的特别审判。

国王佯装不在意这个"预言",但不久他突然得了重病,为此大惊失色。他找来方圆十英里内的修士和神父,带着深深的内疚向他们忏悔自己的罪行,求他们代他祈求上帝的宽恕。他郑重地保证,如果上帝饶他一命,他将回到贝伦加丽娅的身边,在有生之年做她忠诚的丈夫。

他的病痊愈了,接着他履行了承诺——与贝伦加丽娅和好,至少表面上和睦如初。

接下来的三年里,理查一世主要在诺曼底与法兰西边境与腓力二世交战。最后,在战争期间,他突然离奇地死亡了。理查一世听说,自己的一个叫维德马尔的男爵的领地上有个农夫在耕地时碰到了一扇暗门,暗门下面是一个洞的入口,他走进洞里，发现了几尊装饰着钻石的金像及其他宝贝。所有宝贝都被他取了出来，并被带到了维德马尔男爵的查鲁兹城堡。理查一世立即找到维德马尔男爵，要求他将宝贝交给自己的君主。维德马尔男爵说，那是个谣言，只有一罐古罗马钱币，再没有别的了，如果国王想要，他愿意奉上。理查一世不信，说如果不交出金像和珠宝，那他就占领城堡。维德马尔男爵还是说没有金像和珠宝，于是理查一世召集军队，开始攻城。

攻城期间，一个叫伯特兰·德·戈登的骑士站在城墙上，发现理查一世躺在地上，就想用箭射他，于是拿出弓瞄准。箭射出后，他祈求上帝加快箭的速度。箭射中了理查一世的肩膀，人们帮他拔出时，箭断了，箭头留在了伤口里。理查一世被抬进了帐篷。人们找来一位医生，让他取出箭头，结果却使伤口更大了。伤口很快便发炎，病情恶化，死神来临了。理查一世发现一切行将结束，自己大限将至，他追悔莫及，最后，他在痛苦、绝望中死去。

他死于1199年春天，虽统治英格兰十年，但他没有一年是在这里度过的。他死后，贝伦加丽娅又活了三十年。

在历史上，理查一世是被称为"狮心王"的第一人，他名副其实。狮子的特点是凶猛、无所顾忌和残忍，只专注于追求那些受自己无休止的、强烈的欲望和激情支配的目标，丝毫不考虑其所作所为，可能会践踏别人的权利以及带给无辜者、无助者的痛苦。这就是理查一世的个性，他为此感到自豪。鲁莽和残暴是他的特色。他假装成基督教事业的支持者和捍卫者，但很难想象，还有谁比他更彻底地反对耶稣戒律所要求的公正、温和、宽容的精神。

（本书根据哈珀兄弟出版公司的英语版译出）